Chess Brilliants.

ONE HUNDRED GAMES,

(Seventy-five even and Twenty-five at odds.)

EXAMPLES OF DARING SACRIFICE AND OF THE SKILL OF

ANDERSSEN	MORPHY	DE LA BOURDONNAIS
STEINITZ	VON PETROFF	NEUMANN
LANGE	KIESERITZKY	SZEN
KOLISCH	VON DER LASA	COCHRANE
HARRWITZ	LÖWENTHAL	DESCHAPELLES
DUBOIS	FALKBEER	BLACKBURNE
STAUNTON	BODEN	MAC DONNELL

AND OTHER CHESS-MASTERS PAST AND PRESENT.

SELECTED BY

I. O. HOWARD TAYLOR,

OF THE NORWICH CHESS CLUB.

Norwich:

SAMUEL MILLER.

LONDON: SIMPKIN, MARSHALL, AND CO.

1869.

PREFACE.

It is hoped that this little book will be a not unwelcome contribution towards the amusement and instruction of Chess-players.

It contains one hundred of the most elegant games on record.

The advanced player will recognize several old friends, whose acquaintance he may not be unwilling to renew. The student will be introduced to some new friends he can never forget.

For many years past the collector has contemplated publishing a brochure of this kind, and he has accordingly, from time to time, extracted, from chess works, magazines, and newspaper columns, a great number of sacrificing games.

He has referred to the Chess Periodicals of England, France, Germany, and America; to the two German Hand-books, the series of Mr. Staunton's Works, the Theorie and Praxis of Herren Suhle and Neumann, the Thousand Games of Mr. Walker, Mr. Boden's Popular Introduction, the Schachpartien of Dr. Max Lange, the Chess Player of Messrs. Kling and Horwitz, the Divan Collection, the Leitfaden of Herr Neumann, the Lehrbuch of Herr Harrwitz, Morphy's Games edited by Herr Löwenthal, besides sundry works of less note. In fact, thousands of games have been examined to discover and cull the choicest.

With all the imperfections of this Collection, and whatever the inequality of the play, the games as a whole must secure the admiration of every amateur. Here are specimens of the strategy of Anderssen, Blackburne, Bird, Boden, Cochrane, De la Bourdonnais, Deschapelles, Dubois, Falkbeer, Harrwitz, Journoud, Kieseritzky, Kolisch, Lange, Löwenthal, MacDonnell, Mackenzie, Morphy, Neumann, Prince Ourousoff, Von Petroff, Stanley, Staunton, Szen, Steinitz, Von der Lasa, Zukertort, &c., &c. ; or, in other words, of the Chess-masters of England, France, Prussia, Austria, Germany, Hungary, India, Russia, and America—of Chess-masters living and dead—players of the old world and players of the new.

It is not pretended that this Collection comprises the finest games ever played; although it would be difficult, if not impossible, to find more beautiful examples than some of those recorded. The *parties* have been selected for the sake of the sacrifice. The success of a sacrifice implies some weakness or error in the game of the defeated player. Hundreds of superb conceptions have been frustrated by the accuracy, caution, or luck of the antagonist. Games in appearance the dullest may perhaps have evoked a succession of the most brilliant ideas of a Chess-master.

Exception may be taken to several of the games on the ground of the unsoundness of the sacrifice, when the after play is subjected to analysis; but let it be remembered that Chess is a game, not a science; that the correctness of a problem cannot be expected in play over the board; and that the reader should place himself in the position of the players.

The reader will be careful not to draw conclusions from these games, as to the comparative strength of the players. The great master, Anderssen, is often the victim of his own chivalrous gallantry. Success in stray or holiday games is no true index of the result of match play. Now and then an inferior player is seized with a marvellous but, alas! too transient inspiration, and sometimes a Chess-master plays a piece below his strength. The play of the same person in youth and in age, in good health and bad, in practice and wanting it, possesses no similarity.

Brilliant players are seldom first-rate match players; yet Anderssen, Morphy, and Steinitz, are remarkable exceptions from the rule.

The Collection being limited to sacrifices at least as great as of a Rook, hundreds of capital games were necessarily shut out. It should not be supposed, therefore, that these excluded games are really less fine than many which follow: less elegant perhaps,—some may be more excellent.

Position is everything. To give up a Pawn is sometimes a bolder venture than to abandon a Queen.

The student will look vainly for the names of several players of distinction; but many players of indisputable force cannot be called brilliant players. Contented with soundness and success, they aim not at the dazzling and daring; perceiving a good move, they seek not for a

beautiful one. Of such players it may be said, varying
the poet's words,—

> Above the good how far,
> But far beneath the great.

It was not without much discussion and deliberation
that it was resolved to print the following games without
notes: the decision at length was mainly influenced by
the opinion of a distinguished player and author.

The beauty of such games rests not in what *might*
have been done, but in what *was* done, and done by the
winner. The error of the loser is conspicuous in the
issue. To point out or to praise the skill of the winner
were only

> " To gild refined gold, to paint the lily,
> To throw a perfume on the violet."

The space between the games is wide enough to
admit of the reader's own annotations.

It is the writer's pleasing duty to acknowledge in
this Preface his obligations to several eminent players;
and his thanks are especially due to Herren Steinitz,
Falkbeer, and Kolisch, and to Mr. Boden, for valuable
communications.

The writer would add a few words to young players.
Danger lurks in the extreme fascination of our royal
game. The writer has seen players who appeared as
much part and parcel of a public chess-room as the
boards or the tables—mere chess-players they were,
he might almost say mere chess-men. Did this cease-
less practice confer on them unequalled skill? By
no means: they were readily vanquished by amateurs
possessing not a hundredth of their experience. Chess

skill is compatible with industry in the work of life. Chess in a well-regulated mind does not obstruct the march of duty : business always stands before pleasure.

Morphy could lay down the championship of the world for study. The names of Buckle and Staunton are graven imperishably in our literature. Not idlers are Anderssen, Cochrane, and Von der Lasa. Mongredien excels not less as a linguist, a musician, and a man of business, than as a chess-player.

Lose not sight, therefore, of serious duties and high aims, in the frantic pursuit of a game or a recreation, whether cricket, billiards, field sports, or even intellectual chess. Let not your first be chess ; your second, chess ; your third, chess ; your whole, chess.

Let chess be only a recreation ; and in that it is a recreation *only* it will often recruit your mental energies, shake off the burden of business, and be for a time a " second creation."

Abandon not chess because, like all other good things, it is subject to abuse ; but remember that the best things are evil without temperance, and that our long life-lesson is moderation.

The writer has himself felt the risk of chess-fever ; yet to chess he owes many a happy hour, many a precious relaxation, and many a kind friend.

With no idolatrous veneration, then, but with all a lover's admiration, he tenders to Caïssa this simple setting of her purest brilliants.

THORPE NEAR NORWICH,
16TH JULY, 1869.

CONTENTS.

Games.

FIRST SERIES—EVEN.

SECOND SERIES—AT ODDS.

TABLE OF WINNING PLAYERS, WITH THEIR ANTAGONISTS.

Anderssen	Amateur, Mieses, Kieseritzki, Dufresne.
Blackburne	Steinkuhler, Amateur (one of ten in a blind-fold contest), Harley (receiving odds of the Queen).
Bayer	Staudigl.
Brien	Amateur, Löwenthal (giving odds of Pawn and move).
Bingen	Signor D.
Bird	Buckle (giving odds of Pawn and move).
Bowdler	Conway.
Boden............	Amateur, Schulder, Rev. G. Mac Donnell, Col. B. (receiving odds of Q. R. and move), Rev. J. Owen ("Alter.")
Brunswick, Duke of, with Herr Harrwitz	Viscount Casabianca and Herr Kaulla.
Burden	Amateur.
Cochrane	Popert, Moheschunder, Staunton.
De la Bourdonnais	Mac Donnell.
Deschapelles	Cochrane (receiving odds of Pawn and two moves.)
De Riviere	Strauss.
Dubois	Killmann, Mongredien, General M.
Falkbeer	Schurig, Matschego, Löwenthal, Anderssen, Simpson (receiving odds of Q. Kt.)
Harrwitz	Schulten, George Walker, John Gocher, Storey (receiving odds of Q. R.), Rev. F. (receiving odds of Pawn and two moves).
Harrwitz with Duke of Brunswick	Viscount Casabianca and Herr Kaulla.
Hirschfeld	Kolisch.
Journoud	Bertins.
Kempe ....,....	G. S.
Kieseritzki	Amateur, Desloges, Schulten.
Kipping	Pindar.

Kolisch .... Hirschfeld, Anderssen, Mandolfo (receiving odds of Q. R. and move), Fraser, Schrœder, and Parisian Amateur (respectively receiving odds of Q. Kt.)

Lasa, Von der .... Goltz, Mayet.

Lange, Max ... .. Ludwig Lange, Amateur, Von Schierstedt, Von Drygalski, Fraulein von Schierstedt (receiving odds of crowned Knight.)

Lepge............ Saalbach.

Löwenthal ...... Pieconka (receiving odds of Q. Kt.), Brien (receiving odds of exchange.)

Mac Donnell ...... De la Bourdonnais, Amateur (receiving odds of Q. Kt.)

Mackenzie .... Zerega, Same (receiving odds of Pawn and two moves.)

Michelet .... Kieseritzki.

Mieses .... Anderssen.

Morphy .... Löwenthal, L. Paulsen, Bird, Duke of Brunswick and Count Isouard, Amateur (receiving odds of Q. R.), Lichtenhein (receiving odds of Q. Kt.)

Neumann .... Amateur.

Ourousoff, Prince .. Schoumoff.

Petroff, Von ...... Hoffman.

Rosanes .... Amateur.

Stanley .... Schulten, Rousseau.

Staunton .... Amateur, Cochrane, Amateur (receiving odds of Q. R.), Capt. Kennedy (receiving odds of Pawn and two moves.)

Steinitz ... . Amateurs, Mongredien, Hewitt, Amateurs (receiving odds of Q. R.), Amateur (receiving odds of K. Kt.)

Szen .... Recsi.

Simons .... Williams.

Zukertort .... Schulten.

The collector exceedingly regrets that he has not been able to procure satisfactory examples of the strategy of some of the fine players who are included in the above category of victims. May it be some consolation to them to observe that such masters as Anderssen and Kieseritzki, Staunton and Kolisch, Löwenthal and De la Bourdonnais, are companions in misfortune, if, indeed, it be a misfortune to have been one of the contestants in a classical partie.

CORRIGENDA.

Page 11. Black's fourth move is P. to K. 3.
Page 36. For Jourmond *read* Journoud.

Chess Brilliants.

FIRST SERIES—EVEN GAMES.

GAME I.

HERR ANDERSSEN WINS OF AN AMATEUR.

[EVANS' GAMBIT.]

WHITE. (HERR ANDERSSEN.)	BLACK. (AMATEUR.)
1. P. to K. 4.	1. P. to K. 4.
2. Kt. to K. B. 3.	2. Kt. to Q. B. 3.
3. B. to Q. B. 4.	3. B. to Q. B. 4.
4. P. to Q. Kt. 4.	4. B. takes P.
5. P. to Q. B. 3.	5. B. to Q. B. 4.
6. Castles.	6. P. to Q. 3.
7. P. to Q. 4.	7. P. takes P.
8. P. takes P.	8. B. to Kt. 3.
9. P. to Q. 5.	9. Kt. to Q. R. 4.
10. B. to Kt. 2.	10. Kt. to K. B. 3.
11. B. to Q. 3.	11. B. to K. Kt. 5.
12. Kt. to Q. B. 3.	12. P. to Q. B. 3.
13. Q. Kt. to K. 2.	13. Castles.
14. Q. to Q. 2.	14. Q. R. to B. sq.
15. Q. to K. Kt. 5.	15. B. takes Kt.
16. Kt. P. takes B.	16. P. takes Q. P.
17. Kg. to R. sq.	17. Kt. to Q. B. 5.
18. R. to K. Kt. sq.	18. Kt. to K. sq.
19. Q. takes K. Kt. P. (ch.)	19. Kt. takes Q.
20. R. takes Kt. (ch.)	20. Kg. to R. sq.
21. R. to K. Kt. 8 (dbl. ch.)	21. Kg. takes R.
22. R. to K. Kt. sq. (ch.)	

And mates next move.

B

GAME II.

HERR ANDERSSEN WINS OF HERR MIESES.

[ALLGAIER GAMBIT.]

WHITE. (HERR MIESES.)	BLACK. (HERR ANDERSSEN.)
1. P. to K. 4.	1. P. to K. 4.
2. P. to K. B. 4.	2. P. takes P.
3. K. Kt. to B. 3.	3. P. to K. Kt. 4.
4. P. to K. R. 4.	4. P. to K. Kt. 5.
5. Kt. to K. 5.	5. K. Kt. to B. 3.
6. K. B. to Q. B. 4.	6. P. to Q. 4.
7. P. takes P.	7. K. B. to Q. 3.
8. P. to Q. 4.	8. Kt. to K. R. 4.
9. B. to Kt. 5 (ch.)	9. P. to Q. B. 3.
10. P. takes P.	10. P. takes P.
11. Kt. takes Q. B. P.	11. Kt. takes Kt.
12. B. takes Kt. (ch.)	12. Kg. to K. B. sq.
13. B. takes R.	13. Kt. to Kt. 6.
14. R. to K. R. 2.	14. B. to K. B. 4.
15. B. to Q. 5.	15. Kg. to K. Kt. 2.
16. Q. Kt. to B. 3.	16. R. to K. sq. (ch.)
17. Kg. to K. B. 2.	17. Q. to Q. Kt. 3.
18. Kt. to Q. R. 4.	18. Q. to Q. R. 3.
19. Kt. to Q. B. 3.	19. K. B. to K. 4.
20. P. to Q. R. 4.	20. Q. to K. B. 8 (ch.)
21. Q. takes Q.	21. K. B. takes P. (ch.)
22. B. to K. 3.	22. R. takes B.

And Black mates next move by a discovered or double check.

GAME III.

HERR ANDERSSEN WINS OF M. KIESERITZKI.

[KING'S BISHOP'S GAMBIT.]

WHITE. (HERR ANDERSSEN.)	BLACK. (M. KIESERITZKI.)
1. P. to K. 4.	1. P. to K. 4.
2. P. to K. B. 4.	2. P. takes P.
3. B. to Q. B. 4.	3. P. to Q. Kt. 4.
4. B. takes P.	4. Q. to K. R. 5 (ch.)
5. Kg. to B. sq.	5. Kt. to K. B. 3.
6. Kt. to K. B. 3.	6. Q. to K. R. 3.
7. P. to Q. 3.	7. Kt. to K. R. 4.
8. Kt. to K. R. 4.	8. P. to Q. B. 3.
9. Kt. to K. B. 5.	9. Q. to K. Kt. 4.
10. P. to K. Kt. 4.	10. Kt. to K. B. 3.
11. R. to K. Kt. sq.	11. P. takes B.
12. P. to K. R. 4.	12. Q. to K. Kt. 3.
13. P. to K. R. 5.	13. Q. to K. Kt. 4.
14. Q. to K. B. 3.	14. Kt. to K. Kt. sq.
15. B. takes P.	15. Q. to K. B. 3.
16. Kt. to Q. B. 3.	16. B. to Q. B. 4.
17. Kt. to Q. 5.	17. Q. takes Q. Kt. P.
18. B to Q. 6.	18. B. takes R.
19. P. to K. 5.	19. Q. takes R (ch.)
20. Kg. to his 2.	20. Kt. to Q. R. 3.
21. Kt. takes K. Kt. P. (ch.)	21. Kg. to Q. sq.
22. Q. to K. B. 6 (ch.)	22. Kt. takes Q.
23. Bishop to K. 7.	

Checkmate.

GAME IV.

HERR ANDERSSEN WINS OF HERR DUFRESNE.

[EVANS' GAMBIT.]

WHITE.	BLACK.
(HERR ANDERSSEN.)	(HERR DUFRESNE.)
1. P. to K. 4.	1. P. to K. 4.
2. Kt. to K. B. 3.	2. Kt. to Q. B. 3.
3. B. to Q. B. 4.	3. B. to Q. B. 4.
4. P. to Q. Kt. 4.	4. K. B. takes Kt. P.
5. P. to Q. B. 3.	5. K. B. to Q. R. 4.
6. P. to Q. 4.	6. P. takes P.
7. Castles.	7. P. to Q. 6.
8. Q. to Q. Kt. 3.	8. Q. to K. B. 3.
9. P. to K. 5.	9. Q. to K. Kt. 3.
10. R. to K. sq.	10. K. Kt. to K. 2.
11. B. to Q. R. 3.	11. P. to Q. Kt. 4.
12. Q. takes Q. Kt. P.	12. R. to Q. Kt. sq.
13. Q. to Q. R. 4.	13. B. to Q. Kt. 3.
14. Q. Kt. to Q. 2.	14. B. to Q. Kt. 2.
15. Q. Kt. to K. 4.	15. Q. to K. B. 4.
16. B. takes Q. P.	16. Q. to K. R. 4.
17. Kt. to K. B. 6 (ch.)	17. P. takes Kt.
18. P. takes P.	18. K. R. to K. Kt. sq.
19. Q. R. to Q. sq.	19. Q. takes Kt.
20. R. takes Kt. (ch.)	20. Kt. takes R.
21. Q. takes Q. P. (ch.)	21. Kg. takes Q.
22. B. to K. B. 5 (dbl. ch.)	22. Kg. to his sq.
23. B. to Q. 7 (ch.)	23. Kg. moves.
24. B. takes Knight.	

Checkmate.

GAME V.

MR. BLACKBURNE WINS OF HERR STEINKUHLER.

[GIUOCO PIANO.]

WHITE. (HERR STEINKUHLER.)	BLACK. (MR. BLACKBURNE.)
1. P. to K. 4.	1. P. to K. 4.
2. Kt. to K. B. 3.	2. Kt. to Q. B. 3.
3. B. to Q. B. 4.	3. B. to Q. B. 4.
•4. P. to Q. B. 3.	4. Kt. to B. 3.
5. P. to Q. 4.	5. P. takes P.
6. P. takes P.	6. B. to Q. Kt. 5 (ch.)
7. B. to Q. 2.	7. B. takes B. (ch.)
8. K. Kt. takes B.	8. Q. Kt. takes Q. P.
9. Castles.	9. P. to Q. 3.
10. Kt. to Q. Kt. 3.	10. Kt. takes Kt.
11. Q. takes Kt.	11. Castles
12. R. to K. sq.	12. Kt. to R. 4.
13. P. to K. 5.	13. Q. to K. Kt. 4.
14. P. takes P.	14. Kt. to B. 5.
15. B. takes P. (ch.)	15. Kg. to R. sq.
16. P. to K. Kt. 3.	16. P. takes P.
17. Kt. to B. 3.	17. Kt. to R. 6 (ch.)
18. Kg. to Kt. 2.	18. Q. to K. B. 3
19. B. to Q. 5.	19. Q. takes K. B. P. (ch.)
20. Kg. to R. sq.	20. Q. to K. Kt. 8 (ch.)
21. R. takes Q.	21. Kt. to K. B. 7 (ch.)
22. Kg. to Kt. 2.	22. B. to R. 6.

Checkmate.

GAME VI.

MR. BLACKBURNE WINS OF AN AMATEUR.

(One of ten simultaneous games played *blindfold* by Mr. Blackburne at Kidderminster.)

[CENTRE GAMBIT.]

WHITE. (MR. BLACKBURNE.)	BLACK. (AMATEUR.)
1. P. to K. 4.	1. P. to K. 4.
2. P. to Q. 4.	2. P. takes P.
3. B. to Q. B. 4.	3. P. to Q. 3.
4. Kt. to K. B. 3.	4. Kt. to Q. B. 3.
5. P. to Q. B. 3.	5. P. takes Q. B. P.
6. Q. Kt. takes P.	6. Q. Kt. to K. 4.
7. Kt. takes Kt.	7. P. takes Kt.
8. B. takes K. B. P. (ch.)	8. K. to K. 2.
9. B. to K. Kt. 5 (ch.)	9. Kt. to K. B. 3.
10. Q. to K. R. 5.	10. P. to Q. B. 3.
11. Q. R. to Q. sq.	11. Q. to Q. R. 4.
12. P. to K. B. 4.	12. Q. to Q. B. 4.
13. P. takes K. P.	13. Q. takes P.
14. Castles.	14. P. to K. R. 3.
15. B. to K. 8,	15. B. to K. 3.
16. R. takes Kt.	16. P. takes R.
17. R. to Q. 7 (ch.)	17. B. takes R.
18. Q. to K. B. 7 (ch.)	18. Kg. to Q. 3.
19. Q. takes Q. B. (ch.)	19. Kg. to Q. B. 4.
20. B. to K. 3 (ch.)	20. Kg. to Kt. 5.
21. Q. takes K. Kt. P. (ch.)	21. Kg. to R. 4.
22. P. to Q. Kt. 4 (ch.)	22. B. takes P.
23. B. to Q. Kt. 6 (ch.)	23. P. takes B.
24. Queen gives mate.	

GAME VII.

HERR BAYER WINS OF HERR STAUDIGL.

[KING'S GAMBIT DECLINED.]

WHITE. (HERR STAUDIGL.)	BLACK. (HERR BAYER.)
1. P. to K. 4.	1. P. to K. 4.
2. P. to K. B. 4.	2. P. to Q. 4.
3. K. P. takes P.	3. P. to K. 5.
4. P. to Q. B. 4.	4. B. to Q. B. 4.
5. Kt. to K. 2.	5. Kt. to K. B. 3.
6. P. to Q. 4.	6. P. takes P. *en passant*.
7. Q. takes P.	7. Castles.
8. B. to K. 3.	8. B. to Q. Kt. 5 (ch.)
9. Kt. to Q. 2.	9. R. to K. sq.
10. Castles.	10. P. to Q. B. 3.
11. Q. to Q. Kt. 3.	11. P. to Q. R. 4.
12. P. takes P.	12. Kt. takes P.
13. Kt. to K. 4.	13. Q. to K. 2.
14. Kt. takes Kt. (ch.)	14. Q. takes Kt.
15. B. to Q. 4.	15. Kt. takes B.
16. Kt. takes Kt.	16. Q. takes P. (ch.)
17. Kg. to Kt. sq.	17. B. to K. Kt. 5.
18. Kt. to K. B. 3.	18. R. to K. 6.
19. Q. to R. 4.	19. B. to K. B. 4 (ch.)
20. Kg. to R. sq.	20. R. to Q. R. 6.
21. Q. to Kt. 5.	21. R. to Q. B. 6.
22. B. to K. 2.	22. R. to Q. B. 7.
23. Q. takes Q. Kt. P.	23. R. to Q. Kt. sq.
24. Q. to Q. 5.	24. R. takes B.
25. P. to Q. B. 5.	25. P. to K. Kt. 3.
26. K. R. to K. Kt. sq.	26. B. to K. 3.
27. Q. to Q. 6.	27. B. to Q. B. 6.
28. Q. takes Q.	28. B. takes P. (ch.)
29. Kg. to Kt. sq.	29. B. to K. 4 (dis. ch.)
30. Kg. to B. sq.	30. R. to Q. Kt. 8 (ch.)
31. Kg. takes R.	31. B. takes R. P. (ch.)
32. Kg. to B. sq.	32. Bishop mates.

GAME VIII.

MR. BRIEN WINS OF AN AMATEUR.

[KNIGHT'S DEFENCE IN KING'S BISHOP'S OPENING.]

WHITE. (AMATEUR.)	BLACK. (MR. BRIEN.)
1. P. to K. 4.	1. P. to K. 4.
2. B. to Q. B. 4.	2. Kt. to K. B. 3.
3. Kt. to K. B. 3.	3. P. to Q. Kt. 4.
4. B. takes Kt. P.	4. B. to Q. B. 4.
5. K. Kt. takes P.	5. Castles.
6. Kt. to Q. B. 3.	6. P. to Q. B. 3.
7. B. to Q. B. 4.	7. P. to Q. 4.
8. P. takes P.	8. P. takes P.
9. B. to Q. Kt. 3.	9. B. to Q. 5.
10. Kt. to K. B. 3.	10. R. to K. sq. (ch.)
11. Q. Kt. to K. 2.	11. Kt. to Q. B. 3.
12. Castles.	12. Q. B. to K. Kt. 5.
13. P. to Q. B. 3.	13. K. B. to Q. Kt. 3.
14. Q. Kt. to K. B. 4.	14. P. to K. Kt. 4.
15. P. to K. R. 3.	15. B. takes Kt.
16. Q. takes B.	16. P. takes Kt.
17. P. to Q. 4.	17. Kg. to R. sq.
18. Q. B. takes P.	18. K. R. to K. Kt. sq.
19. K. B. to Q. B. 2.	19. K. Kt. to K. 5.
20. Q. R. to K. sq.	20. P. to K. B. 4.
21. Q. to K. R. 5.	21. Q. to K. B. 3.
22. P. to K. B. 3.	22. Q. Kt. takes P.
23. P. takes Q. Kt.	23. Q. takes P. (ch.)
24. B. to K. 3.	24. Q. takes B. (ch.)
25. R. takes Q.	25. B. takes R. (ch.)
26. Kg. to R. 2.	26. R. takes P. (ch.)
27. Kg. takes R.	27. R. to K. Kt. sq. (ch.)
28. Kg. to R. 2.	28. B. to his 5 (ch.)
29. Kg. to R. sq.	29. Kt. to K. Kt. 6 (ch.)
30. Kg. to Kt. sq.	30. Kt. takes Q. (dis. ch.)

And Black wins.

GAME IX.

HERR MAX BINGEN WINS OF AN ITALIAN AMATEUR.

[EVANS' GAMBIT.]

WHITE. (HERR MAX BINGEN.)	BLACK. (SIGNOR D.)
1. P. to K. 4.	1. P. to K. 4.
2. K. Kt. to B. 3.	2. Q. Kt. to B. 3.
3. B. to B. 4.	3. B. to B. 4.
4. P. to Q. Kt. 4.	4. B. takes Kt. P.
5. P. to Q. B. 3.	5. B. to B. 4.
6. Castles.	6. P. to Q. 3.
7. P. to Q. 4.	7. P. takes P.
8. P. takes P.	8. B. to Kt. 3.
9. Q. Kt. to B. 3.	9. Q. B. to K. Kt. 5.
10. P. to Q. 5.	10. Q. Kt. to Q. 5.
11. K. B. to Q. Kt. 5 (ch.)	11. P. to Q. B. 3.
12. P. takes P.	12. Q. Kt. P. takes P.
13. K. Kt. takes Kt.	13. Q. B. takes Q.
14. K. Kt. takes Q. B. P.	14. Q. to K. B. 3.
15. Q. Kt. to Q. 5.	15. Q. takes Q. R.
16. K. Kt. to K. 5 (dis. ch.)	16. Kg. to Q. sq.
17. K. Kt. takes K. B. P. (ch.)	17. Kg. to B. sq.
18. K. Kt. takes Q. P. (ch.)	18. Kg. to Q. sq.
19. K. R. takes Q. B.	19. Q. takes Q. R. P.
20. K. Kt. to K. B. 7 (ch.)	20. Kg. to B. sq.
21. Q. Kt. takes B. (ch.	21. Kg. to Kt. 2.
22. Q. Kt. to Q. 5.	22. K. Kt. to B. 3.
23. K. Kt. to Q. 6 (ch.)	23. Kg. to Kt. sq.
24. Q. Kt. to Q. Kt. 4.	

Black resigns.

GAME X.

DR. BOWDLER WINS OF MR. CONWAY.

[TWO KINGS' BISHOPS' GAME.]

WHITE. (DR. BOWDLER.)	BLACK. (MR. CONWAY.)
1. P. to K. 4.	1. P. to K. 4.
2. B. to Q. B. 4.	2. B. to Q. B. 4.
3. P. to Q. 3.	3. P. to Q. B. 3.
4. Q. to K. 2.	4. P. to Q. 3.
5. P. to K. B. 4.	5. K. P. takes P.
6. Q. B. takes P.	6. Q. to Q. Kt. 3.
7. Q. to K. B. 3.	7. Q. takes Q. Kt. P.
8. K. B. takes P. (ch.)	8. Kg. to Q. 2.
9. K. Kt. to K. 2.	9. Q. takes R.
10. Kg. to Q. 2.	10. B. to Q. Kt. 5 (ch.)
11. Q. Kt. interposes.	11. B. takes Kt. (ch.)
12. Kt. takes B.	12. Q. takes R.
13. Q. to K. Kt. 4 (ch.)	13. Kg. to B. 2.
14. Q. takes K. Kt. P.	14. Q. Kt. to Q. 2.
15. Q. to K. Kt. 3.	15. P. to Q. Kt. 3.
16. Kt. to Q. Kt. 5 (ch.)	16. P. takes Kt.
17 B. takes P. (ch.)	17. Kg. to Kt. 2.
18. B. to Q. 5 (ch.)	18. Kg. to R. 3.
19. P. to Q. 4.	19. P. to Q. Kt. 5.
20. Q. B. takes P.	20. Kg. to Kt. 4.
21. P. to Q. B. 4 (ch.)	21. Kg. takes B.
22. Q. to her Kt. 3 (ch.)	22. Kg. moves.
23. Q. to Q. Kt. 5.	

Checkmate.

GAME XI.

MR. BODEN WINS OF AN AMATEUR.

[SICILIAN OPENING.]

WHITE.	BLACK.
(MR. BODEN.)	(MR. L.)
1. P. to K. 4.	1. P. to Q. B. 4.
2. Kt. to K. B. 3.	2. Kt. to Q. B. 3.
3. P. to Q. 4.	3. P. takes P.
4. Kt. takes P.	4. P. to K. B. 3
5. Q. B. to K. 3.	5. Kt. to K. B. 3.
6. K. B. to Q. 3.	6. P. to K. 4.
7. Kt. takes Kt.	7. Kt. P. takes Kt.
8. Castles.	8. K. B. to K. 2.
9. Kt. to B. 3.	9. Castles.
10. Q. to K. B. 3.	10. Q. B. to Kt. 2.
11. Q. to K. Kt. 3.	11. P. to Q. 3.
12. Q. R. to Q. sq.	12. Kt. to R. 4.
13. Q. to K. R. 3.	13. P. to K. Kt. 3.
14. Q. B. to K. R. 6.	14. Q. B. to his sq.
15. Q. to K. 3.	15. K. R. to K. sq.
16. K. B. to Q. B. 4.	16. Q. to Q. Kt. 3.
17. Q. to K. B. 3.	17. Kt. to K. B. 3.
18. R. takes Q. P.	18. Q. B. to Kt. 5.
19. Q. R. takes Kt.	19. B. takes Q.

And White mated by force in four moves.

GAME XII.

MR. BODEN WINS OF HERR SCHULDER.

[PHILIDOR'S DEFENCE.]

WHITE. (HERR SCHULDER.)	BLACK. (MR. BODEN.)
1. P. to K. 4.	1. P. to K. 4.
2. Kt. to K. B. 3.	2. P. to Q. 3.
3. P. to Q. B. 3.	3. P. to K. B. 4.
4. K. B. to Q. B. 4.	4. Kt. to K. B. 3.
5. P. to Q. 4.	5. P. takes K. P.
6. Q. P. takes K. P.	6. P. takes K. Kt.
7. P. takes K. Kt.	7. Q. takes P.
8. P. takes P.	8. Q. Kt. to B. 3.
9. P. to K. B. 4.	9. Q. B. to Q. 2.
10. Q. B. to K. 3.	10. Castles.
11. Kt. to Q. 2.	11. R. to K. sq.
12. Q. to K. B. 3.	12. Q. B. to K. B. 4.
13. Castles, Q. R.	13. P. to Q. 4.
14. K. B. takes Q. P.	14. Q. takes Q. B. P. (ch.)
15. P. takes Q.	15. B. to Q. R. 6.

Checkmate.

GAME XIII.

MR. BODEN WINS OF THE REV. G. MAC DONNELL.

[TWO KINGS' BISHOPS' GAME.]

WHITE.	BLACK.
(REV. G. MAC DONNELL.)	(MR. BODEN.)
1. P. to K. 4.	1. P. to K. 4.
2. B. to Q. B. 4.	2. B. to Q. B. 4.
3. P. to Q. Kt. 4.	3. B. takes Q. Kt. P.
4. P. to Q. B. 3.	4. B. to Q. B. 4.
5. P. to Q. 4.	5. P. takes P.
6. P. takes P.	6. B. to Q. Kt. 5.
7. Kg. to B. sq.	7. B. to Q. R. 4.
8. Q. to K. R. 5.	8. P. to Q. 4.
9. B. takes P.	9. Q. to K. 2.
10. B. to Q. R. 3.	10. Kt. to K. B. 3.
11. K. B. takes P. (ch.)	11. Q. takes K. B.
12. Q. takes B.	12. Kt. to Q. B. 3.
13. Q. to Q. R. 4.	13. Kt. takes K. P.
14. Kt. to K. B. 3.	14. B. to Q. 2.
15. Q. Kt. to Q. 2.	15. Kt. takes Kt. (ch.)
16. Kt. takes Kt.	16. Castles (Q. R.)
17. R. to Q. Kt. sq.	17. Q. to Q. 4.
18. Kt. to K. B. 3.	18. B. to K. B. 4.
19. R. to Q. sq.	19. K. R. to K. sq.
20. B. to Q. B. 5.	20. Q. takes Kt.
21. P. takes Q.	21. B. to K. R. 6 (ch.)
22. Kg. to Kt. sq.	22. R. to K. 3.
23. Q. to Q. B. 2.	23. Q. R. takes Q. P.
24. B. takes Q. R.	24. Kt. takes B.

And White resigned.

GAME XIV.

MR. BODEN WINS OF THE REV. J. OWEN (ALTER.)

[IL FIANCHETTO.]

WHITE. (MR. BODEN.)	BLACK. (REV. J. OWEN.)
1. P. to K. 4.	1. P. to Q. Kt. 3.
2. P. to Q. 4.	2. Q. B. to Q. Kt. 2.
3. K. B. to Q. 3.	3. P. to K. 3.
4. Q. to K. 2.	4. K. B. to K. 2.
5. P. to K. B. 4.	5. P. to Q. B. 4.
6. P. to Q. B. 3.	6. K. Kt. to B. 3.
7. K. Kt. to K. B. 3.	7. Castles.
8. Q. Kt. to Q. 2.	8. K. Kt. to Kt. 5.
9. Castles.	9. P. to K. B. 4.
10. P. to K. 5.	10. Q. Kt. to Q. B. 3.
11. P. to K. R. 3.	11. K. Kt. to K. R. 3.
12. Q. Kt. to Q. Kt. 3.	12. P. takes Q. P.
13. Q. Kt. takes P.	13. Kt. takes Kt.
14. Q. B. P. takes Kt.	14. Kg. to R. sq.
15. Q. B. to Q. 2.	15. Q. to K. sq.
16. Q. R. to Q. B. sq.	16. K. R. to K. Kt. sq.
17. P. to Q. Kt. 4.	17. Kt. to K. B. 2.
18. Kt. to K. Kt. 5.	18. Kt. takes Kt.
19. P. takes Kt.	19. P. to K. R. 3.
20. P. to K. R. 4.	20. P. takes P.
21. R. to Q. B. 7.	21. Q. B. to his 3.
22. P. to Q. Kt. 5.	22. K. B. to Q. sq.
23. P. takes Q. B.	23. B. takes R.
24. P. takes Q. P.	24. Q. to K. B. 2.
25. P. to Q. 5.	25. P. to K. Kt. 3.
26. Q. B. takes K. Kt. P.	26. Q. takes Q. P.
27. Q. B. to K. B. 6 (ch.)	27. Kg. to R. 2.
28. P. takes K. P.	28. Q. to Q. 5 (ch.)
29. Kg. to R. sq.	29. Q. R. to K. B. sq.
30. R. takes K. B. P.	30. Q. R. takes B.
31. Q. to K. R. 5 (ch.)	31. P. takes Q.
32. R. takes P. (dbl. ch.)	32. Kg. to Kt. 2.
33. R. to K. R. 7 (ch.)	33. Kg. to B. sq.

34. P. to K. 7 (ch.)	34. Kg. to his sq.
35. B. to Q. Kt. 5 (ch.)	35. Q. to Q. 2.
36. B. takes Q. (ch.)	36. Kg. takes B.
37. P. takes R.	37. R. to K. Kt. 5.
38. R. to K. R. 8.	38. R. to K. 5.
39. P. to K. Kt. 4.	

And Black resigns.

GAME XV.

THE DUKE OF BRUNSWICK AND HERR HARRWITZ WIN
OF VISCOUNT CASABIANCA AND HERR KAULLA.

[QUEEN'S GAMBIT DECLINED.]

WHITE.	BLACK.
(DUKE OF BRUNSWICK AND HERR HARRWITZ.)	(VISCOUNT CASABIANCA AND HERR KAULLA.)
1. P. to Q. 4.	1. P. to Q. 4.
2. P. to Q. B. 4.	2. P. to K. 3.
3. Kt. to Q. B. 3.	3. Kt. to K. B. 3.
4. B. to K. B. 4.	4. B. to Q. Kt. 5.
5. P. to K. 3.	5. Castles.
6. Q. to Q. Kt. 3.	6. B. takes Kt. (ch.)
7. P. takes B.	7. P. to Q. Kt. 3.
8. P. takes P.	8. Kt. takes P.
9. B. to K. Kt. 3.	9. Kt. to Q. 2.
10. P. to K. 4.	10. Kt. to K. 2.
11. B. to Q. 3.	11. Kt. to K. B. 3.
12. R. to Q. sq.	12. B. to Q. Kt. 2.
13. P. to K. B. 3.	13. Q. to Q. B. sq.
14. Kt. to K. R. 3.	14. P. to Q. B. 4.
15. Castles.	15. P. takes P.
16. P. takes P.	16. Kt. to Q. B. 3.
17. B. to Q. Kt. sq.	17. Kt. to Q. R. 4.
18. Q. to K. 3.	18. Kt. to K. sq.

19. P. to Q. R. 4.	19. Q. to Q. B. 5.
20. Q. to K. Kt. 5.	20. P. to K. B. 3.
21. Q. to K. Kt. 4.	21. B. to Q. B. sq.
22. R. to Q. 2.	22. Q. takes Q. R. P.
23. P. to K. 5.	23. P. to K. B. 4.
24. Q. to K. R. 4.	24. Q. to Q. 2.
25. B. to Q. R. 2.	25. Kt. to Q. B. 2.
26. P. to Q. 5.	26. P. to K. R. 3.
27. P. to Q. 6.	27. Q. to Q. sq.
28. K. R. to Q. sq.	28. Kt. to Q. Kt. 4.
29. P. to Q. 7.	29. Kt. to Q. B. 2.
30. P. takes B.	30. Q. takes P.
31. R. to Q. 7.	31. Kt. to Q. B. 3.
32. K. R. to Q. 6.	32. Kt. to Q. 4.
33. R. takes Kt.	33. P. takes R.
34. B. takes P. (ch.)	34. Kg. to R. sq.
35. P. to K. 6.	35. Kt. to K. 4.
36. Q. takes P. (ch.)	36. P. takes Q.
37. B. takes Kt. (ch.)	37. Kg. to Kt. sq.
38. R. to K. Kt. 7 (ch.)	38. Kg. to R. sq.
39. R. to Q. R. 7 (dis. ch.)	39. Kg. to K. Kt. sq.
40. P. to K. 7 (dis. ch.)	40. R. to K. B. 2.
41. R. takes R.	41. Q. takes R.
42. B. takes Q.	42. R. takes P.
43. B. to Q. 5 (ch.)	43. Kg. to R. 2.
44. B. to Q. 4.	

And wins.

GAME XVI.

MR. BURDEN WINS OF AN AMATEUR.

[KING'S BISHOP'S GAMBIT.]

WHITE. (MR. BURDEN.)	BLACK. (AMATEUR.)
1. P. to K. 4.	1. P. to K. 4.
2. P. to K. B. 4.	2. P. takes P.
3. B. to Q. B. 4.	3. Q. to R. 5 (ch.)
4. Kg. to B. sq.	4. P. to K. Kt. 4.
5. Kt. to Q. B. 3.	5. B. to K. Kt. 2.
6. P. to Q. 4.	6. P. to Q. 3.
7. Kt. to K. B. 3.	7. Q. to R. 4.
8. P. to K. 5.	8. Q. to K. Kt. 3.
9. P. to K. R. 4.	9. P. to K. R. 3.
10. Kt. to Q. 5.	10. Kg. to Q. sq.
11. P. takes K. Kt. P.	11. P. takes P.
12. K. R. takes R.	12. B. takes R.
13. K. Kt. takes K. Kt. P.	13. Q. takes K. Kt.
14. Q. B. takes P.	14. Q. to R. 5.
15. Q. to K. B. 3.	15. Kt. to Q. B. 3.
16. P. takes Q. P.	16. Q. B. to K. Kt. 5.
17. P. takes Q. B. P. (ch.)	17. Kg. to B. sq.
18. Q. to K. 4.	18. B. to K. 3.
19. Q. takes Q. B. (ch.)	19. P. takes Q.
20. Kt. to Q. Kt. 6. (ch.)	20. R. P. takes Kt.
21. B. takes P.	

Mate.

GAME XVII.

MR. COCHRANE WINS OF M. POPERT.

[SCOTCH GAMBIT.]

WHITE. (MR. COCHRANE.)	BLACK. (M. POPERT.)
1. P. to K. 4.	1. P. to K. 4.
2. K. Kt. to B. 3.	2. Q. Kt. to B. 3.
3. P. to Q. 4.	3. P. takes P.
4. B. to Q. B. 4.	4. B. to Q. Kt. 5 (ch.)
5. P. to Q. B. 3.	5. P. takes P.
6. P. takes P.	6. B. to R. 4.
7. P. to K. 5.	7. P. to Q. 3.
8. Q. to Q. Kt. 3.	8. Q. to K. 2.
9. Castles.	9. Q. P. takes P.
10. Q. B. to R. 3.	10. Q. to K. B. 3.
11. Q. Kt. to Q. 2.	11. K. Kt. to K. 2.
12. Q. B. takes Kt.	12. Q. takes B.
13. Kt. takes K. P.	13. Kt. takes Kt.
14. Q. to Q. Kt. 5 (ch.)	14. P. to Q. B. 3.
15. Q. takes K. B.	15. Kt. takes K. B.
16. Kt. takes Kt.	16. Castles.
17. Q. R. to K. sq.	17. Q. to B. 3.
18. R. to K. 3.	18. B. to K. 3.
19. Kt. to K. 5.	19. Q. R. to Q. sq.
20. P. to Q. B. 4.	20. P. to Q. R. 3.
21. K. R. to K. sq.	21. Q. R. to Q. 5.
22. P. to K. Kt. 3.	22. B. takes Q. B. P.
23. Q. to Q. B. 5.	23. R. to Q. 7.
24. Q. takes R. (ch.)	24. Kg. takes Q.
25. Kt. to Q. 7 (ch.)	25. R. takes Kt.
26. R. to K. 8.	

Checkmate.

GAME XVIII.

MR. COCHRANE WINS OF THE BRAHMIN, MOHESCHUNDER.

[PHILIDOR'S DEFENCE.]

WHITE. (MR. COCHRANE.)	BLACK. (MOHESCHUNDER.)
1. P. to K. 4.	1. P. to K. 4.
2. K. Kt. to B. 3.	2. P. to Q. 3.
3. P. to Q. 4.	3. P. takes P.
4. Q. takes P.	4. Q. Kt. to Q. B. 3.
5. K. B. to Q. Kt. 5.	5. B. to Q. 2.
6. B. takes Kt.	6. B. takes B.
7. B. to K. Kt. 5.	7. P. to K. B. 3.
8. B. to K. B. 4.	8. Q. to K. 2.
9. Q. Kt. to Q. B. 3.	9. Q. to K. 3.
10. Castles, K. R.	10. Kt. to K. 2.
11. K. R. to K. sq.	11. P. to K. R. 3.
12. Kt. to Q. 5.	12. Q. to Q. 2.
13. K. Kt. to K. R. 4.	13. Kg. to B. 2.
14. P. to Q. B. 4.	14. Q. B. takes Kt.
15. K. P. takes B.	15. P. to K. Kt. 4.
16. K. R. to K. 6.	16. B. to K. Kt. 2.
17. Q. R. to K. sq.	17. K. R. to K. sq.
18. Q. to K. 4.	18. P. takes B.
19. Q. to K. R. 7.	19. P. to Q. B. 3.
20. Q. R. to K. 4.	20. P. takes P.
21. K. R. takes P. (ch.)	21. Kg. takes R.
22. R. takes P. (ch.)	22. Kg. to K. 3.
23. Q. takes B.	23. Q. to Q. B. 3.
24. Q. to K. Kt. 4 (ch.)	24. Kt. to K B. 4.
25. Kt. takes Kt.	

And wins.

GAME XIX.

MR. COCHRANE WINS OF MR. STAUNTON.

[IRREGULAR DEFENCE TO KING'S KNIGHT'S OPENING.]

WHITE. (MR. COCHRANE.)	BLACK. (MR. STAUNTON.)
1. P. to K. 4.	1. P. to K. 4.
2. K. Kt. to B. 3.	2. P. to Q. 4.
3. Kt. takes K. P.	3. Q. to K. 2.
4. P. to Q. 4.	4. P. to K. B. 3.
5. Q. Kt. to B. 3.	5. P. takes K. Kt.
6. Kt. takes Q. P.	6. Q. to K. B. 2.
7. K. B. to Q. B. 4.	7. Q. B. to K. 3.
8. Castles.	8. P. to Q. B. 3.
9. P. to K. B. 4.	9. P. takes Kt.
10. K. B. P. takes P.	10. Q. to Q. 2.
11. K. P. takes P.	11. B. takes P.
12. P. to K. 6.	12. Q. to Q. B. 3.
13. Q. to K. R. 5 (ch.)	13. P. to K. Kt. 3.
14. Q. takes B.	14. K. Kt. to K. 2.
15. Q. to K. 5.	15. Q. takes B.
16. Q. takes R.	16. Kt. to K. B. 4.
17. Q. B. to K. R. 6.	17. Q. to Q. Kt. 5.
18. Q. takes B. (ch.)	18. Q. takes Q.
19. B. takes Q.	19. Kg. takes B.
20. P. to K. Kt. 4.	

And Black resigned.

GAME XX.

M. DE LA BOURDONNAIS WINS OF MR. MAC DONNELL.

[SICILIAN OPENING.]

WHITE. (MR. MAC DONNELL.)	BLACK. (M. DE LA BOURDONNAIS.)
1. P. to K. 4.	1. P. to Q. B. 4.
2. K. Kt. to B. 3.	2. Q. Kt. to B. 3.
3. P. to Q. 4.	3. P. takes P.

4. K. Kt. takes P.	4. P. to K. 4.
5. K. Kt. takes Kt.	5. Q. Kt. P. takes Kt.
6. K. B. to Q. B. 4.	6. K. Kt. to B. 3.
7. Q. B. to K. Kt. 5.	7. K. B. to K. 2.
8. Q. to K. 2.	8. P. to Q. 4.
9. Q. B. takes Kt.	9. B. takes B.
10. B. to Kt. 3.	10. Castles.
11. Castles.	11. P. to Q. R. 4.
12. P. takes P.	12. P. takes P.
13. K. R. to Q. sq.	13. P. to Q. 5.
14. P. to Q. B. 4.	14. Q. to Q. Kt. 3.
15. K. B. to Q. B. 2.	15. Q. B. to Kt. 2.
16. Q. Kt. to Q. 2.	16. Q. R. to K. sq.
17. Kt. to K. 4.	17. K. B. to Q. sq.
18. P. to Q. B. 5.	18. Q. to Q. B. 3.
19. P. to K. B. 3.	19. K. B. to K 2.
20. Q. R. to Q. B. sq.	20. P. to K. B. 4.
21. Q. checks.	21. Kg. to R. sq.
22. K. B. to Q. R. 4.	22. Q. to K. R. 3.
23. B. takes R.	23. P. takes Kt.
24. P. to Q. B. 6.	24. P. takes P.
25. Q. R. to Q. B. 2.	25. Q. to K. 6 (ch.)
26. Kg. to R. sq.	26. Q. B. to B. sq.
27. K. B. to Q. 7.	27. P. to K. B. 7.
28. K. R. to K. B. sq.	28. P. to Q. 6.
29. Q. R. to Q. B. 3.	29. B. takes B.
30. P. takes B.	30. P. to K. 5.
31. Q. to Q. B. 8.	31. K. B. to Q. sq.
32. Q. to Q. B. 4.	32. Q. to K. 8.
33. Q. R. to Q. B. sq.	33. P. to Q. 7.
34. Q. to Q. B. 5.	34. K. R. to Kt. sq.
35. Q. R. to Q. sq.	35. P. to K. 6.
36. Q. to Q. B. 3.	36. Q. takes Q. R.
37. R. takes Q.	37. P. to K. 7.

And wins.

GAME XXI.

M. DE LA BOURDONNAIS WINS OF MR. MAC DONNELL.

[QUEEN'S GAMBIT.]

WHITE. (M. DE LA BOURDONNAIS.)	BLACK. (MR. MAC DONNELL.)
1. P. to Q. 4.	1. P. to Q. 4.
2. P. to Q. B. 4.	2. P. takes P.
3. P. to K. 3.	3. P. to K. 4.
4. K. B. takes P.	4. P. takes P.
5. P. takes P.	5. K. Kt. to B. 3.
6. Q. Kt. to B. 3.	6. K. B. to K. 2.
7. K. Kt. to B. 3.	7. Castles.
8. Q. B. to K. 3.	8. P. to Q. B. 3.
9. P. to K. R. 3.	9. Q. Kt. to K. 2.
10. K. B. Q. Kt. 3.	10. Q. Kt. to Q. Kt. 3.
11. Castles.	11. K. Kt. to Q. 4.
12. P. to Q. R. 4.	12. P. to Q. R. 4.
13. K. Kt. to K. 5.	13. Q. B. to K. 3.
14. K. B. to Q. B. 2.	14. P. to K. B. 4.
15. Q. to K. 2.	15. P. to K. B. 5.
16. Q. B. to Q. 2.	16. Q. to K. sq.
17. Q. R. to K. sq.	17. B. to K. B. 2.
18. Q. to K. 4.	18. P. to K. Kt. 3.
19. B. takes K. B. P.	19. Kt takes B.
20. Q. takes Kt.	20. Q. B. to Q. B. 5.
21. Q. to K. R. 6.	21. Q. B. takes R.
22. B. takes K. Kt. P.	22. P. takes B.
23. Kt. takes P.	23. Kt. to Q. B. sq.
24. Q. to K. R. 8 (ch.)	24. Kg. to B. 2.
25. Q. to R. 7 (ch.)	25. Kg. to B. 3.
26. Kt. to K. B. 4.	26. Q. B. to Q. 6.
27. R. checks.	27. Kg. to Kt. 4.
28. Q. to R. 6 (ch.)	28. Kg. to B. 4.
29. Rook mates	

GAME XXII.

MONS. DE RIVIERE WINS OF HERR STRAUSS.

[EVANS' GAMBIT.]

WHITE. (M. DE RIVIERE.)	BLACK. (HERR STRAUSS.)
1. P. to K. 4.	1. P. to K. 4.
2. Kt. to K. B. 3.	2. Kt. to Q. B. 3.
3. B. to Q. B. 4.	3. B. to Q. B. 4.
4. P. to Q. Kt. 4.	4. B. takes Kt. P.
5. P. to Q. B. 3.	5. B. to Q. B. 4.
6. Castles.	6. P. to Q. 3.
7. P. to Q. 4.	7. P. takes P.
8. P. takes P.	8. B. to Q. Kt. 3.
9. Kt. to Q. B. 3.	9. B. to K. Kt. 5.
10. B. to Q. Kt. 5.	10. B. to Q. 2.
11. Kt. to Q. 5.	11. K. Kt. to K. 2.
12. B. to K. Kt. 5.	12. P. to K. B. 3.
13. Kt. takes K. B. P. (ch.)	13. P. takes Kt.
14. B. takes P.	14. R. to K. B. sq.
15. P. to K. 5.	15. Kt. to Q. R. 4.
16. Kt. to K. Kt. 5.	16. B. takes B.
17. Q. to K. R. 5 (ch.)	17. Kg. to Q. 2.
18. Q. to K. R. 3 (ch.)	18. Kg. to K. sq.
19. K. R. to K. sq.	19. B. to Q. B. 5.
20. B. takes Kt.	20. Q. to Q. 2.
21. Q. takes R. P.	21. B. takes Q. P.
22. P. takes Q. P.	22. R. takes K. B. P.
23. B. to K. B. 6 (dis. ch.)	23. R. to K. 7 (dis. ch.)
24. B. takes B.	24. Q. takes Q.
25. Kt. takes Q.	25. Kg. to Q. 2.
26. B. to Q. B. 3.	26. Kt. to Q. B. 3.
27. Kt. to K. B. 6 (ch.)	27. Kg. takes P.
28. Q. R. to Q. sq. (ch.)	28. Kg. to Q. B. 4.
29. Kt. to Q. 7 (ch.)	29. Kg. to Q. Kt. 4.
30. R. to Q. Kt. sq. (ch.)	30. Kg. to Q. R. 5.
31. R. takes R.	31. B. takes R.
32. R. takes P.	32. R. to Q. B. sq.
33. R. to Q. Kt. 3.	

And Black resigns.

GAME XXIII.

SIGNOR DUBOIS WINS OF MR. KILLMANN.

[IL FIANCHETTO.]

WHITE. (SIGNOR DUBOIS.)	BLACK. (MR. KILLMANN.)
1. P. to K. 4.	1. P. to Q. Kt. 3.
2. P. to Q. 4.	2. Q. B. to Kt. 2.
3. K. B. to Q. 3.	3. P. to K. 3.
4. P. to Q. B. 4.	4. K. B. to Kt. 5 (ch.)
5. Q. Kt. to B. 3.	5. K. Kt. to K. 2.
6. K. Kt. to B. 3.	6. K. B. takes Kt. (ch.)
7. Kt. P. takes B.	7. P. to Q. 3.
8. Castles.	8. Q. Kt. to Q. 2.
9. Kt. to Kt. 5.	9. P. to K. R. 3.
10. Q. to K. R. 5.	10. Castles.
11. P. to K. B. 4.	11. P. to K. 4.
12. B. P. takes P.	12. P. takes Kt.
13. P. takes P.	13. P. takes P.
14. P. to K. 5.	14. P. to K. Kt. 3.
15. Q. to R. 6.	15. P. takes P.
16. Q. B. takes P.	16. P. to K. 5.
17. K. R. to B. 4.	17. P. to K. B. 3.
18. K. R. to R. 4.	18. Kg. to B. 2.
19. Q. to R. 7 (ch.)	19. Kg. to K. sq.
20. K. B. takes K. P.	20. B. takes B.
21. R. takes B.	21. P. takes B.
22. Q. takes P. (ch.)	22. K. R. to B. 2.
23. Q. R. to K. B. sq.	23. Q. Kt. to K. B. sq.
24. Q. takes R. (ch.)	24. Kg. to Q. 2.
25. Q. R. to K. sq.	25. Q. Kt. to Kt. 3.
26. P. to Q. B. 5.	26. Q. to K. B. sq.
27. Q. to K. 6 (ch.)	27. Kg. to B. 2.
28. Q. to Q. 6 (ch.)	28. Kg. to Kt. 2.
29. R. takes Kt. (ch.)	29. Kt. takes R.
30. R. takes Kt. (ch.)	30. Kg. to R. 3.
31. R. takes R. P. (ch.)	

And Mr. Killmann resigns.

GAME XXIV.

SIGNOR DUBOIS WINS OF MR. MONGREDIEN.

[ALLGAIER GAMBIT.]

WHITE. (SIGNOR DUBOIS.)	BLACK. (MR. MONGREDIEN.)
1. P. to K. 4.	1. P. to K. 4.
2. P. to K. B. 4.	2. P. takes P.
3. K. Kt. to B. 3.	3. P. to K. Kt. 4.
4. P. to K. R. 4.	4. P. to K. Kt. 5.
5. Kt. to K. 5.	5. K. Kt. to B. 3.
6. B. to Q. B. 4.	6. P. to Q. 4.
7. P. takes P.	7. K. B. to Q. 3.
8. P. to Q. 4.	8. K. Kt. to R. 4.
9. K. B. to Q. Kt. 5 (ch.)	9. Kg. to B. sq.
10. Q. Kt. to B. 3.	10. K. B. to K. 2.
11. Castles.	11. P. to K. R. 6.
12. K. Kt. takes P. on B. 3.	12. Kt. to K. Kt. 6.
13. K. Kt. to K. 5.	13. Kt. takes R.
14. Q. takes Kt.	14. P. to K. B. 3.
15. Q. to K. B. 4.	15. P. to Q. B. 3.
16. Q. to K. R. 6 (ch.)	16. Kg. to Kt. sq.
17. K. B. to Q. B. 4.	17. Q. B. to K. 3.
18. P. takes B.	18. Q. takes P. (ch.)
19. Q. B. to K. 3.	19. Q. takes K. Kt.
20. R. to Q. sq.	20. Kt. to Q. R. 3.
21. R. to Q. 7.	21. R. to K. sq.
22. B. to Q. 4.	22. Q. to K. B. 4.
23. R. takes B.	23. R. takes R.
24. B. takes K. B. P.	24. Q. to Q. B. 4 (ch.)
25. Kg. to R. sq.	25. P. to K. Kt. 6.
26. Q. to Kt. 7 (ch.)	26. R. takes. Q.

And White forces mate in three moves.

GAME XXV.

SIGNOR DUBOIS WINS OF GENERAL M. OF ROME.

[GIUOCO PIANO.]

WHITE. (GENERAL M.)	BLACK. (SIGNOR DUBOIS.)
1. P. to K. 4.	1. P. to K. 4.
2. K. Kt. to B. 3.	2. Q. Kt. to B. 3.
3. B. to Q. B. 4.	3. B. to Q. B. 4.
4. P. to Q. 3.	4. P. to K. B. 4.
5. K. Kt. to Kt. 5.	5. P. to K. B. 5.
6. Kt. to K. B. 7.	6. Q. to K. R. 5.
7. Castles.	7. K. Kt. to B. 3.
8. Kt. takes R.	8. P. to Q. 4.
9. B. takes P.	9. B. to K. Kt. 5.
10. Q. to K. sq.	10. P. to K. B. 6.
11. B. to K. Kt. 5.	11. Q. takes B.
12. P. to K. Kt. 3.	12. Kt. to Q. 5.
13. B. to Q. Kt. 3.	13. Kt. to K. 7 (ch.)
14. Kg. to K. R. sq.	14. B. to K. R. 6.
15. R. to K. Kt. sq.	15. K. Kt. to K. R. 4.
16. Kt. to K. B. 7.	16. K. Kt. to K. B. 5.
17. Kt. takes Q.	17. B. to Kt. 7 (ch.)
18. R. takes B.	18. P. takes R.

Checkmate.

GAME XXVI.

HERR FALKBEER WINS OF HERR SCHURIG.

[QUEEN'S BISHOP'S PAWN'S GAME IN KING'S KNIGHT'S OPENING.]

WHITE. (HERR FALKBEER.)	BLACK. (HERR SCHURIG.)
1. P. to K. 4.	1. P. to K. 4.
2. K. Kt. to B. 3.	2. Q. Kt. to B. 3.
3. P. to Q. B. 3.	3. P. to K. B. 4.
4. P. to Q. 4.	4. P. takes Q. P.
5. P. to K. 5.	5. P. takes Q. B. P.
6. Q. Kt. takes P.	6. B. to Q. Kt. 5.
7. B. to Q. B. 4.	7. B. takes Kt. (ch.)
8. P. takes B.	8. P. to Q. 3.
9. Q. to Q. Kt. 3.	9. Kt. takes K. P.
10. Kt. takes Kt.	10. P. takes Kt.
11. B. to K. B. 7 (ch.)	11. Kg. to his 2.
12. B. to R. 3.	12. Kg. to B. 3.
13. R. to Q. sq.	13. B. to Q. 2.
14. P. to K. B. 4.	14. P. to K. 5.
15. Q. to Q. 5.	15. Kt. to K. 2.
16. Q. to Q. B. 4.	16. R. to K. B. sq.
17. B. to R. 5.	17. P. to Kt. 3.
18. B. to K. 2.	18. Q. to K. sq.
19. B. to Q. B. 5.	19. B. to K. 3.
20. Q. takes B. (ch.)	20. Kg. takes Q.
21. B. to Q. B. 4 (ch.)	21. Kt. to Q. 4.
22. R. takes Kt.	22. Kg. to B. 2.
23. R. to Q. 7 (dbl. ch.)	23. Kg. to B. 3.

And White mates in two moves.

GAME XXVII.

HERR FALKBEER WINS OF HERR MATSCHEGO.

[ALLGAIER GAMBIT.]

WHITE. (HERR MATSCHEGO.)	BLACK. (HERR FALKBEER.)
1. P. to K. 4.	1. P. to K. 4.
2. P. to K. B. 4.	2. P. takes P.
3. Kt. to K. B. 3.	3. P. to K. Kt. 4.
4. P. to K. R. 4.	4. P. to K. Kt. 5.
5. Kt. to K. 5.	5. Kt. to K. B. 3.
6. Kt. to Q. B. 3.	6. P. to Q. 3.
7. K. Kt. to Q. B. 4.	7. K. B. to K. 2.
8. P. to Q. 4.	8. Kt. to K. R. 4.
9. K. B. to K. 2.	9. B. takes K. R. P. (ch.)
10. Kg. to Q. 2.	10. Q. to K. Kt. 4.
11. Kg. to Q. 3.	11. Kt. to Q. B. 3.
12. P. to Q. R. 3.	12. B. to K. B. 7.
13. Q. Kt. to Q. 5.	13. B. takes Q. P.
14. Q. Kt. takes Q. B. P. (ch.)	14. Kg. to Q. sq.
15. Q. Kt. to Q. 5.	15. P. to K. B. 4.
16. K. Kt. takes Q. P.	16. P. takes K. P. (ch.)
17. Kg. to Q. B. 4.	

Herr Falkbeer here announced mate in nine moves.

	17. Q. takes Kt. (ch.)
18. Kg. takes Q.	18. Kt. to K. B. 3 (ch.)
19. Kg. to Q. B. 4.	19. B. to K. 3 (ch.)
20. Kg. to Q. Kt. 5.	20. P. to Q. R. 3 (ch.)
21. Kg. to R. 4.	21. P. to Kt. 4 (ch.)
22. Kt. takes P.	22. P. takes Kt. (dbl. ch.)
23. Kg. takes P.	23. R. to Q. R. 4 (ch.)
24. Kg. takes Kt.	24. B. to Q. 4 (ch.)
25. Kg. to Q. 6.	25. Kt. to K. sq.

Checkmate.

GAME XXVIII.

HERR FALKBEER WINS OF HERR LOWENTHAL.

[QUEEN'S KNIGHT'S OPENING.]

WHITE. (HERR FALKBEER.)	BLACK. (HERR LOWENTHAL.)
1. P. to K. 4.	1. P. to K. 4.
2. Q. Kt. to B. 3.	2. K. Kt. to B. 3.
3. B. to Q. B. 4.	3. B. to Q. B. 4.
4. P. to Q. 3.	4. P. to K. R. 3.
5. P. to K. B. 4.	5. P. to Q. 3.
6. Kt. to K. B. 3.	6. Castles.
7. Kt. to Q. R. 4.	7. P. to Q. B. 3.
8. P. takes K. P.	8. P. takes P.
9. Kt. takes B.	9. Q. to Q. R. 4 (ch.)
10. B. to Q. 2.	10. Q. takes Kt.
11. P. to Q. R. 3	11. P. to Q. Kt. 4.
12. B. to Q. Kt. 3.	12. P. to Q. R. 4.
13. Q. to K. 2.	13. Kt. to Q. R. 3.
14. B. to K. 3.	14. Q. to K. 2.
15. Castles (K's side.)	15. Kt. to K. Kt. 5.
16. B. to Q. 2.	16. Kt. to Q. B. 4.
17. B. to Q. R. 2.	17. Kt. to K. 3.
18. P. to Q. B. 3.	18. Q. to Q. 3.
19. P. to K. R. 3.	19. Kt. to K. B. 3.
20. P. to Q. 4.	20. Kt. to Q. 2.
21. B. to K. 3.	21. Kg. to R. 2.
22. Q. R. to Q. sq.	22. Q. to Q. B. 2.
23. Kt. to K. R. 4.	23. Kt. to K. B. 3.
24. B. takes K. R. P.	24. Kg. takes B.
25. R. takes Kt. (ch.)	25. P. takes R.
26. Kt. to B. 5 (ch.)	26. Kg. to Kt. 3.
27. B. takes Kt.	27. P. takes B.
28. Q. to Kt. 4 (ch.)	28. Kg. to R. 2.
29. Q. to R. 5 (ch.)	29. Kg. to Kt. sq.
30. Q. to Kt. 6 (ch.	30. Kg. to R. sq.
31. Q. to R. 6 (ch.)	31. Kg. to Kt. sq.
32. R. to Q. 3.	32. P. takes P.
33. P. to K. 5.	33. P. takes Kt.

34. R. to Kt. 3 (ch.)	34. Kg to B. 2.
35. Q. to Kt. 7 (ch.)	35. Kg. to K. sq.
36. Q. takes Q.	36. B. to K. 3.
37. R. to Kt. 7.	37. R. to K. B. 2.
38. R. takes R.	38. B. takes R.
39. Q. takes P. (ch.)	

And Black resigned.

GAME XXIX.

HERR FALKBEER WINS OF HERR ANDERSSEN.

[QUEEN'S KNIGHT'S OPENING.]

WHITE. (HERR FALKBEER.)	BLACK. (HERR ANDERSSEN.)
1. P. to K. 4.	1. P. to K. 4.
2. Q. Kt. to K. B. 3.	2. P. to K. B. 4.
3. P. takes P.	3. K. Kt. to K. B. 3.
4. P. to K. Kt. 4.	4. B. to Q. B. 4.
5. P. to K. Kt. 5.	5. Castles.
6. P. takes Kt.	6. Q. takes P.
7. Q. to K. B. 3.	7. B. to Kt. 3.
8. P. to Q. 3.	8. P. to Q. B. 3.
9. Kt. to K. 4.	9. Q. to K. 2.
10. B. to Q. 2.	10. P. to Q. 4.
11. P. to K. B. 6.	11. Q. to Q. B. 2.
12. Castles.	12. P. takes Kt.
13. P. takes P.	13. R. takes P.
14. B. to Q. B. 4 (ch.)	14. Kg. to R. sq.
15. Q. to R. 5.	15. Q. Kt. to Q. 2.
16. P. to K. B. 4.	16. R. to K. B. sq.
17. Kt. to K. B. 3.	17. Kt. to K. B. 3.
18. Q. to R. 4.	18. B. to K. Kt. 5.
19. Kt. takes K. P.	19. B. to K. R. 4.
20. B. to Q. B. 3.	20. B. to K. 6 (ch.)
21. Kg. to Kt. sq.	21. B. takes K. B. P.

22. Q. takes B.	22. Kt. to Q. 4.
23. R. takes Kt.	23. R. takes Q.
24. R. to Q. 7.	24. Q. to Q. B. sq.
25. Kt. to Kt. 6 (ch.)	25. R. P. takes Kt.
26. R. takes Kt. P.	26. R. to K. B. 6.
27. B. to K. 5.	27. Q. to K. B. sq.
28. R. to K. B. 7 (dis. ch.)	28. Kg. to Kt. sq.
29. R. takes R. (ch.)	29. Kg. to R. 2.
30. R. takes Q.	

And wins.

GAME XXX.

HERR HARRWITZ WINS OF M. SCHULTEN.

[EVANS' GAMBIT.]

WHITE. (HERR HARRWITZ.)	BLACK. (M. SCHULTEN.)
1. P. to K. 4.	1. P. to K. 4.
2. Kt. to Q. B. 3.	2. Kt. to Q. B. 3.
3. B. to Q. B. 4.	3. B. to Q. B. 4.
4. P. to Q. Kt. 4.	4. B. takes P.
5. P. to Q. B. 3.	5. B. to Q. B. 4.
6. P. to Q. 4.	6. P. takes P.
7. P. takes P.	7. B. to Q. Kt. 3.
8. B. to Kt. 2.	8. Q. Kt. to K. 2.
9. Castles.	9. P. to Q. 3.
10. P. to Q. 5.	10. P. to K. B. 3.
11. Kt. to Q. 4.	11. B. takes Kt.
12. B. takes B.	12. Kt. to K. R. 3.
13. Q. to K. R. 5 (ch.)	13. Kt. to K. B. 2.
14. P. to K. B. 4.	14. Castles.
15. Kt. to Q. 2.	15. Kt. to K. Kt. 3.
16. Q. R. to K. sq.	16. Kt. to K. R. 3.
17. P. to K. R. 3.	17. Kg. to R. sq.
18. B. to Q. Kt. 3.	18. B. to Q. 2.

19. R. to K. 3.	19. P. to Q. B. 4.
20. P. takes P. *en passant.*	20. P. takes P.
21. Kt. to Q. B. 4.	21. P. to Q. B. 4.
22. B. to Q. B. 3.	22. B. to K. sq.
23. Q. to Q. 5.	23. Kt. to K. B. 2.
24. R. to K. Kt. 3.	24. Kt. to K. 2.
25. Q. to K. 6.	25. B. to Q. 2.
26. Q. takes K. B. P.	26. Kt. to K. B. 4.

And Mr. Harrwitz forced mate in eight moves.

27. Q. takes K. Kt. P.(ch.)	27. Kt. takes Q.
28. B. takes Kt. (ch.)	28. Kg. to Kt. sq.
29. B. to K. B. 6 (dis. ch.)	29. Kt. to K. Kt. 4.
30. R. takes Kt. (ch.)	30. Kg. to B. 2.
31. Kt. to Q. 6. (dbl. ch.)	31. Kg. takes B.
32. P. to K. 5 (ch.)	32. Kg. to K. 2.
33. R. to K. Kt. 7 (ch.)	33. R. to K. B. 2.
34. R. takes R.	

Mate.

GAME XXXI.

HERR HARRWITZ WINS OF MR. GEORGE WALKER.

[KING'S BISHOP'S GAMBIT.]

| WHITE. | BLACK. |
(MR. G. WALKER.)	(HERR HARRWITZ.)
1. P. to K. 4.	1. P. to K. 4.
2. P. to K. B. 4.	2. P. takes P.
3. B. to Q. B. 4.	3. P. to Q. Kt. 4.
4. B. takes Kt. P.	4. Q. to K. R. 5 (ch.)
5. Kg. to B. sq.	5. B. to Q. Kt. 2.
6. P to Q. 3.	6. B. to Q. B. 4.
7. P. to Q. 4.	7. B. to Q. Kt. 3.
8. Kt. to K. B. 3.	8. Q. to K. R. 4.
9. Q. to Q. 3.	9. P. to Kt. 4.
10. Q. Kt. to B. 3.	10. K. Kt. to B. 3.
11. B. to Q. 2.	11. Q. Kt. to B. 3.

12. B. takes Kt.	12. B. takes B.
13. P. to Q. 5.	13. B. to Q. Kt. 2.
14. P. to K. 5.	14. Kt. to Kt. 5.
15. Q. Kt. to K. 4.	15. P. to K. R. 3.
16. Q. R. to K. sq.	16. Castles K. R.
17. P. to K. R. 4.	17. P. to K. B. 4.
18. P. takes P. *en passant*.	18. Kt. takes P.
19. Kt. takes Kt. (ch.)	19. R. takes Kt.
20. R. to K. 7.	20. R. to K. Kt. 3.
21. R. to K. R. 3.	21. P. to K. Kt. 5.
22. R. to K. 5.	22. P. takes R.
23. R. takes Q.	23. P. takes Kt. P. (ch.)
24. Kg. to K. 2.	24. Q. R. to K. sq. (ch.)
25. R. to K. 5.	25. R. takes R. (ch.)
26. Kt. takes R.	26. R. to Kt. 6.
27. Q. to Q. B. 4.	27. P. Queens.
28. P. to Q. 6 (dis. ch.)	28. Kg. to R. sq.
29. Kt. to K. B. 7 (ch.)	29. Kg. to R. 2.
30. Kt. to Kt. 4 (ch.)	30. R. takes Kt.
31. P. takes R.	

Black mates in five moves.

GAME XXXII.

HERR HARRWITZ WINS OF MR. JOHN GOCHER OF IPSWICH.

[ALLGAIER GAMBIT.]

WHITE. (MR. GOCHER.)	BLACK. (HERR HARRWITZ.)
1. P. to K. 4.	1. P. to K. 4.
2. P. to K. B. 4.	2. P. takes P.
3. Kt. to K. B. 3.	3. P. to K. Kt. 4.
4. P. to K. R. 4.	4. P. to K. Kt. 5.
5. Kt. to K. 5.	5. Kt. to K. B. 3.
6. Kt. takes Kt. P.	6. Kt. takes K. P.
7. P. to Q. 3.	7. Kt. to Kt. 6.
8. B. takes P.	8. Q. to K. 2 (ch.)
9. Kg. to B. 2.	9. Kt. takes R. (ch.)
10. Kg. to Kt. sq.	10. B. to Kt. 2.
11. Kt. to Q. B. 3.	11. P. to K. R. 4.
12. Kt. to Q. 5.	12. P. takes Kt.
13. Kt. takes Q.	13. B. to Q. 5 (ch.)
14. Kg. takes Kt.	14. R. takes P. (ch.)
15. B. to R. 2.	15. P. to K. Kt. 6.

And White resigns.

GAME XXXIII.

HERR HIRSCHFELD WINS OF HERR KOLISCH.

[THE TWO KNIGHTS' DEFENCE.]

WHITE. (HERR HIRSCHFELD.)	BLACK. (HERR KOLISCH.)
1. P. to K. 4.	1. P. to K. 4.
2. Kt. to K. B. 3.	2. Kt. to Q. B. 3.
3. B. to Q. B. 4.	3. Kt. to K. B. 3.
4. Kt. to K. Kt. 5.	4. P. to Q. 4.

5. P. takes P.	5. Kt. to Q. R. 4.
6. B. to Q. Kt. 5 (ch.)	6. P. to Q. B. 3.
7. P. takes P.	7. P. takes P.
8. B. to K. 2.	8. P. to K. R. 3.
9. Kt. to K. B. 3.	9. P. to K. 5.
10. Kt. to K. 5.	10. Q. to Q. 5.
11. P. to K. B. 4.	11. B. to Q. B. 4.
12. R. to K. B. sq.	12. Q. to Q. 3.
13. P. to Q. B. 3.	13. Kt. to Q. Kt. 2.
14. Q. to Q. R. 4.	14. Kt. to Q. sq.
15. P. to Q. Kt. 4.	15. B. to Q. Kt. 3.
16. Kt. to Q. R. 3.	16. B. to K. 3.
17. Kt. to Q. B. 4.	17. B. takes Kt.
18. B. takes B.	18. Castles.
19. B. to Q. R. 3.	19. Kt. to Q. 4.
20. P. to Q. Kt. 5.	20. P. to Q. B. 4.
21. P. to K. Kt. 3.	21. Kg. to R. 2.
22. Castles.	22. P. to K. B. 4.
23. Q. to Q. Kt. 3.	23. Kt. to K. B. 3.
24. P. to Q. 4.	24. Q. to Q. B. 2.
25. B. to K. 6.	25. P. to K. Kt. 3.
26. P. to K. Kt. 4.	26. Kt. takes B.
27. Q. takes Kt.	27. P. takes K. Kt. P.
28. P. to K. B. 5.	28. P. to K. Kt. 4.
29. P. takes Q. B. P.	29. Q. R. to K. sq.
30. R. to Q. 7 (ch.)	30. Kt. takes R.
31. Q. to K. Kt. 6 (ch.)	31. Kg. to R. sq.
32. Q. takes K. R. P. (ch.)	32. Kg. to Kt. sq.
33. Q. takes P. (ch.)	33. Kg. to K. R. 2.
34. Q. to K. R. 5 (ch.)	34. Kg. to K. Kt. 2.
-35. Q. takes P. (ch.)	35. Kg. to K. B. 3.

And White announced mate in six moves.

GAME XXXIV.

M. JOURMOND WINS OF M. BERTINS.

[ALLGAIER GAMBIT.]

WHITE. (M. JOURMOND.)	BLACK. (M. BERTINS.)
1. P. to K. 4.	1. P. to K. 4.
2. P. to K. B. 4.	2. P. takes P.
3. K. Kt. to B. 3.	3. P. to K. Kt. 4.
4. P. to K. R. 4.	4. P. to Kt. 5.
5. Kt. to K. 5.	5. K. Kt. to B. 3.
6. B. to Q. B. 4.	6. Q. to K. 2.
7. B. takes P. (ch.)	7. Kg. to Q. sq.
8. P. to Q. 4.	8. P. to Q. 3.
9. Q. B. takes P.	9. P. takes Kt.
10. P. takes P. (dis. ch.)	10. Q. B. to Q. 2.
11. Castles.	11. Q. takes B.
12. P. takes Kt.	12. K. B. to Q. B. 4 (ch.)
13. Kg. to R. sq.	13. R. to K. sq.
14. Kt. to Q. B. 3.	14. P. to Q. B. 3.
15. P. to K. 5.	15. Kt. to Q. R. 3.
16. Kt. to K. 4.	16. Q. to Q. 4.
17. P. to K. B. 7.	17. R. to K. B. sq.
18. Q. to K. 2.	18. K. B. to K. 2.
19. Q. R. to Q. sq.	19. Q. takes Q. R. P.
20. P. to Q. Kt. 3.	20. Kg. to B. sq.
21. Kt. to Q. B. 3.	21. Q. to R. 4.
22. P. to K. 6.	22. Q. takes Kt.
23. R. takes B.	23. Q. to Q. B. 4.
24. Q. takes Kt.	24. P. takes Q.
25. R. to Q. B. 7 (ch.)	25. Kg. to Q. sq.
26. K. R. to Q. sq.	26. B. to Q. 3.
27. R. to Q. 7 (ch.)	27. Kg. to B. sq.
28. B. takes B.	28. Q. to K. R. 4.
29. B. to K. Kt. 3.	29. Q. to K. B. 4.
30. R. to Q. B. 7 (ch.)	30. Kg. to Kt. sq.
31. P. to K. 7.	31. Q. takes K. B. P.
32. R. to Q. 8 (ch.)	

And mates next move.

GAME **XXXV**.

MR. ALFRED KEMPE WINS OF AN AMATEUR.

[RUY LOPEZ KNIGHT'S GAME.]

WHITE. (MR. KEMPE.)	BLACK. (MR. G. S.)
1. P. to K. 4.	1. P. to K. 4.
2. Kt. to K. B. 3.	2. Kt. to Q. B. 3.
3. B. to Q. Kt. 5.	3. K. Kt. to K. 2.
4. P. to Q. 4.	4. Kt. takes P.
5. Kt. takes Kt.	5. P. takes Kt.
6. Q. takes P.	6. P. to Q. B. 3.
7. B. to Q. 3.	7. P. to Q. 3.
8. Castles.	8. Kt. to Kt. 3.
9. P. to K. B. 4.	9. P. to K. B. 3.
10. Q. to K. B. 2.	10. B. to K. 2.
11. B. to K. 3.	11. P. to Q. B. 4.
12. Q. to K. B. 3.	12. Castles.
13. B. to Q. B. 4 (ch.)	13. Kg. to R. sq.
14. Q. to K. R. 5.	14. B. to Q. 2.
15. R. to K. B. 3.	15. B. to K. sq.
16. Q. takes K. R. P. (ch.)	16. Kg. takes Q.
17. R. to R. 3. (ch.)	17. Kt. to R. 5.
18. R. takes Kt. (ch.)	18. B. to R. 4.
19. R. takes B. (ch.)	19. Kg. to Kt. 3.
20. P. to K. B. 5 (ch.)	20. Kg. takes R.
21. B. to K. 2 (ch.)	21. Kg. to R. 5.
22. Kt. to Q. 2.	22. Q. to K. sq.

White announced mate in four moves.

GAME XXXVI.

M. KIESERITZKI WINS OF AN AMATEUR.

[MUZIO GAMBIT.]

WHITE. (M. KIESERITZKI.)	BLACK. (AMATEUR.)
1. P. to K. 4.	1. P. to K. 4.
2. P. to K. B. 4.	2. P. takes P.
3. K. Kt. to B. 3.	3. P. to K. Kt. 4.
4. B. to Q. B. 4.	4. P. to K. Kt. 5.
5. Castles.	5. P. takes Kt.
6. Q. takes P.	6. Q. to K. 2.
7. P. to Q. 4.	7. Q. Kt. to B. 3.
8. Q. takes P.	8. B. to K. R. 3.
9. Q. takes Q. B. P.	9. B. takes B.
10. B. takes B. P. (ch.)	10. Q. takes B.
11. R. takes Q.	11. Kg. takes R.
12. Q. Kt. to B. 3.	12. B. takes Q. Kt. P.
13. R. to K. B. sq. (ch.)	13. Kg. to K. sq.
14. P. to Q. 5.	14. Kt. to Q. 5.
15. P. to Q. 6.	15. B. takes Kt.
16. Q. to Q. 8 (ch.)	16. Kg. takes Q.
17. R. to K. B. 8.	

Checkmate.

GAME XXXVII.

M. KIESERITZKI WINS OF M. DESLOGES.

[KING'S BISHOP'S GAMBIT.]

WHITE. (M. DESLOGES.)	BLACK. (M. KIESERITZKI.)
1. P. to K. 4.	1. P. to K. 4.
2. P. to K. B. 4.	2. P. takes P.
3. B. to Q. B. 4.	3. P. to Q. Kt. 4.
4. B. takes Kt. P.	4. Q. to K. R. 5 (ch.)
5. Kg. to B. sq.	5. P. to K. Kt. 4.
6. K. Kt. to B. 3.	6. Q. to K. R. 4.
7. K. B. to K. 2.	7. P. to K. Kt. 5.
8. Kt. to Q. 4.	8. P. to Q. 3.
9. P. to K. R. 3.	9. K. B. to Kt. 2.
10. K. Kt. to Q. Kt. 3.	10. P. to K. B. 6.
11. P. takes P.	11. P. takes K. R. P.
12. P. to K. B. 4.	12. Q. to K. R. 5.
13. P. to Q. 3.	13. P. to K. R. 7.
14. K. B. to B. 3ₚ	14. Q. Kt. to B. 3.
15. P. to Q. 4.	15. Q. B. to Q. R. 3 (ch.)
16. Kg. to Kt. 2.	16. K. Kt. to R. 3.
17. R. takes P.	17. Q. to K. B. 3.
18. Q. B. to K. 3.	18. K. R. to Kt. sq.
19. Q. to K. R. sq.	19. Kt. takes Q. P.
20. Kt. takes Kt.	20. Q. takes Kt.
21. B. takes Q.	21. B. takes B. (dis. ch.)
22. Kg. to R. 3.	22. Q. B. to his sq. (ch.)
23. Kg. to R. 4.	23. K. B. to B. 3. (ch.)
24. Kg. to R. 5.	24. R. to K. Kt. 3.
25. R. to K. Kt. 2.	25. Kt. to his sq.
26. P. to K. B. 5.	26. R. to R. 3 (ch.)
27. Kg. to Kt. 4.	27. R. takes Q.

And Black won.

GAME XXXVIII.

M. KIESERITZKI WINS OF M. SCHULTEN.

[KING'S BISHOP'S GAMBIT.]

WHITE.	BLACK.
(M. SCHULTEN.)	(M. KIESERITZKI.)
1. P. to K. 4.	1. P. to K. 4.
2. P. to K. B. 4.	2. P. takes P.
3. B. to Q. B. 4.	3. P. to Q. Kt. 4.
4. B. takes Kt. P.	4. Q. B. to Q. Kt. 2.
5. P. to Q. 3.	5. Q. to K. R. 5 (ch.)
6. Kg. to B. sq.	6. P. to K. Kt. 4.
7. K. B. to Q. B. 4.	7. K. B. to Q. B. 4.
8. Q. to K. 2.	8. Q. Kt. to B. 3.
9. K. Kt. to B. 3.	9. Q. to K. R. 4.
10. Q. Kt. to B. 3.	10. K. Kt. to B. 3.
11. Q. Kt. to Q. Kt. 5.	11. K. B. to Q. Kt. 3.
12. Q. B. to Q. 2.	12. K. Kt. to K. Kt. 5.
13. P. to K. R. 4.	13. P. to K. R. 3.
14. K. R. to K. R. 3.	14. Castles (Q. R.)
15. P. takes P.	15. P. takes P.
16. R. takes Q.	16. R. takes R.
17. P. to Q. 4.	17. Q. Kt. to K. 4.
18. K. Kt. to his sq.	18. K. R. to K. R. 8.
19. P. to Q. B. 3.	19. K. Kt. to R. 7 (ch.)
20. Kg. to B. 2.	20. Q. Kt. to K. Kt. 5 (ch.)
21. Q. takes Kt.	21. Kt. takes Q. (ch.)
22. Kg. to B. 3.	22. P. to K. B. 4.
23. K. B. to Q. 3.	23. R. to K. sq.
24. R. to K. sq.	24. Kt. to R. 7 (ch.)
25. Kg. to B. 2.	25. P. takes K. P.
26. K. B. to Q. B. 2	26. Kt. to Kt. 5 (ch.)
27. Kg. to B. sq.	27. P. to K. 6.
28. Q. B. to B. sq.	28. P. to B. 6.
29. P. takes P.	29. Q. B. takes P.

And White resigns.

Game XXXIX.

M. Kieseritzki wins of M. Schulten.

[King's Bishop's Gambit.]

WHITE. (M. Schulten.)	BLACK. (M. Kieseritzki.)
1. P. to K. 4.	1. P. to K. 4.
2. P. to K. B. 4.	2. P. takes P.
3. B. to Q. B. 4.	3. Q. to K. R. 5 (ch.)
4. Kg. to K. B. sq.	4. P. to Q. Kt. 4.
5. B. takes Kt. P.	5. B. to Q. Kt. 2.
6. Q. to K. 2.	6. Q. Kt. to B. 3.
7. K. Kt. to B. 3.	7. Q. to K. R. 3.
8. P. to Q. 4.	8. K. Kt. to B. 3.
9. Q. Kt. to B. 3.	9. Kt. to K. R. 4.
10. Kg. to K. Kt. sq.	10. P. to K. Kt. 4.
11. P. to K. Kt. 4.	11. P. takes P. *en passent.*
12. Q. B. takes P.	12. Q. Kt. takes P.
13. K. B. takes Q. P. (ch.)	13. Kg. takes B.
14. Kt. to K. 5 (ch.)	14. Kg. to Q. B. sq.
15. Q. to K. Kt. 4 (ch.)	15. P. to K. B. 4.
16. K. P. takes P.	16. Q. takes B.
17. Q. takes Q.	17. K. B. to Q. B. 4.
18. Q. takes Kt.	18. Kt. to K. 3 (ch.)
19. Kg. to K. B. sq.	19. P. to K. Kt. 7 (ch.)
20. Kg. to K. 2.	20. Kt. to K. B. 5 (ch.)
21. Kg. to Q. 2.	21. R. to Q. sq. (ch.)
22. Kt. covers.	22. Kt. takes Q.

And wins.

GAME XL.

M. KIESERITZKI WINS OF M. SCHULTEN.

[KING'S BISHOP'S GAMBIT.]

WHITE. (M. SCHULTEN.)	BLACK. (M. KIESERITZKI.)
1. P. to K. 4.	1. P. to K. 4.
2. P. to K. B. 4.	2. P. takes P.
3. B. to Q. B. 4.	3. Q. to K. R. 5 (ch.)
4. Kg. to B. sq.	4. P. to Q. Kt. 4.
5. B. takes Kt. P.	5. Kt. to K. B. 3.
6. Kt. to Q. B. 3.	6. Kt. to K. Kt. 5.
7. Kt. to K. R. 3.	7. Kt. to Q. B. 3.
8. Kt. to Q. 5.	8. Kt. to Q. 5.
9. Kt. takes Q. B. P. (ch.)	9. Kg. to Q. sq.
10. Kt. takes R.	10. P. to K. B. 6.
11. P. to Q. 3.	11. P. to K. B. 3.
12. K. B. to Q. B. 4.	12. P. to Q. 4.
13. B. takes P.	13. K. B. to Q. 3.
14. Q. to K. sq.	14. P. takes P. (ch.)
15. Kg. takes P.	15. Q. takes Kt. (ch.)
16. Kg. takes Q.	16. Kt. to K. 6 (dis. ch.)

And mates in two more moves.

GAME XLI.

MR. KIPPING WINS OF MR. PINDAR.

[EVANS' GAMBIT.]

WHITE. (MR. KIPPING.)	BLACK. (MR. PINDAR.)
1. P. to K. 4.	1. P. to K. 4.
2. K. Kt. to B. 3.	2. Q. Kt. to B. 3.
3. B. to Q. B. 4.	3. B. to Q. B. 4.
4. P. to Q. Kt. 4.	4. B. takes P.
5. P. to Q. B. 3.	5. B. to R. 4.
6. Q. to Q. Kt. 3.	6. Q. to K. 2.
7. B. to Q. R. 3.	7. P. to Q. 3.
8. P. to Q. 4.	8. P. takes P.
9. Castles.	9. Kt. to K. B. 3.
10. P. to K. 5.	10. Kt. to K. 5.
11. R. to K. sq.	11. Kt. to Q. B. 4.
12. B. takes Kt.	12. P. takes B.
13. P. to K. 6.	13. P. to B. 3.
14. Kt. to R. 4.	14. P. to Kt. 3.
15. P. to B. 4.	15. Castles.
16. P. to B. 5.	16. P. to K. Kt. 4.
17. Kt. to B. 3.	17. B. to Q. Kt. 4.
18. P. to Q. R. 4.	18. Kt. to Q. R. 4.
19. Q. to Q. R. 2.	19. P. to Q. B. 3.
20. Q. Kt. to Q. 2.	20. P. to Q. R. 3.
21. Kt. to K. 4.	21. B. to Q. R. 2.
22. P. takes Q. P.	22. P. takes P.
23. B. to Q. 3.	23. P. to Q. B. 4.
24. Q. R. to Q. B. sq.	24. P. to Q. Kt. 3.
25. Kt. takes Q. P.	25. P. takes Kt.
26. R. to Q. B. 7.	26. Q. takes R.
27. P. to K. 7 (dis. ch.)	27. Kg. to Kt. 2.
28. P. takes R. (qu. ch.)	28. Kg. takes Q.
29. Kt. takes B. P.	29. Q. to B. 2.
30. R. to K. 8 (ch.)	30. Kg. to Kt. 2.
31. Kt. to R. 5 (ch.)	31. Q. takes Kt.
32. Q. to Kt. 8 (ch.)	32. Kg. to B. 3.

White mates in two moves.

GAME XLII.

HERR KOLISCH WINS OF HERR HIRSCHFELD.

[EVANS' GAMBIT.]

[FRAZER-MORTIMER ATTACK.]

WHITE. (HERR KOLISCH.)	BLACK. (HERR HIRSCHFELD.)
1. P. to K. 4.	1. P. to K. 4.
2. K. Kt. to B. 3.	2. Q. Kt. to B. 3.
3. B. to Q. B. 4.	3. B. to Q. B. 4.
4. P. to Q. Kt. 4.	4. B. takes Kt. P.
5. P. to Q. B. 3.	5. B. to Q. B. 4.
6. Castles.	6. P. to Q. 3.
7. P. to Q. 4.	7. P. takes P.
8. P. takes P.	8. B. to Q. Kt. 3.
9. Kt. to Q. B. 3.	9. B. to K. Kt. 5.
10. Q. to Q. R. 4.	10. B. to Q. 2.
11. Q. to Q. Kt. 3.	11. Kt. to Q. R. 4.
12. B. takes P. (ch.)	12. Kg. to B. sq.
13. Q. to Q. B. 2.	13. Kg. takes B.
14. P. to K. 5.	14. Kg. to B. sq.
15. R. to K. sq.	15. Q. to Q. B. sq.
16. P. to Q. 5.	16. B. to K. B. 4.
17. Q. to Q. 2.	17. Kt. to K. R. 3.
18. Q. to K. B. 4.	18. Kt. to K. Kt. 5.
19. P. to K. 6.	19. B. takes K. B. P. (ch.)
20. Kg. to R. sq.	20. B. takes R.
21. Q. takes B. (ch.)	21. Kt. to K. B. 3.
22. Kt. to K. 4.	22. Kg. to K. 2.
23. B. to K. Kt. 5.	23. Q. to K. B. sq.
24. R. takes B.	24. R. to K. sq.
25. R. to Q. B. sq.	25. Kg. to Q. sq.
26. Kt. to K. 5.	26. P. takes Kt.
27. P. to Q. 6.	27. Kt. to Q. B. 3.
28. R. takes Kt.	28. P. takes R.
29. Kt. takes Kt.	29. P. takes Kt.
30. B. takes P. (ch.)	30. Kg. to Q. B. sq.
31. P. to K. 7 (dis. ch.)	

And the second player abandons the game.

GAME XLIII.

HERR KOLISCH WINS OF HERR ANDERSSEN.

[EVANS' GAMBIT.]

WHITE. (HERR KOLISCH.)	BLACK. (HERR ANDERSSEN.)
1. P. to K. 4.	1. P. to K. 4.
2. Kt. to K. B. 3.	2. Kt. to Q. B. 3.
3. B. to Q. B. 4.	3. B. to Q. B. 4.
4. P. to Q. Kt. 4.	4. B. takes P.
5. P. to Q. B. 3.	5. B. to Q. R. 4
6. P. to Q. 4.	6. P. takes P.
7. Castles.	7. P. takes P.
8. Q. to Q. Kt. 3.	8. Q. to K. B. 3.
9. P. to K. 5.	9. Q. to K. Kt. 3.
10. Kt. takes B. P.	10. P. to Q. Kt. 4.
11. Kt. takes Kt. P.	11. Q. R. to Q. Kt. sq.
12. Q. to K. 3.	12. K. Kt. to K. 2.
13. Q. to K. 2.	13. Q. to K. R. 4.
14. B. to Q. R. 3.	14. B. to Q. Kt. 2.
15. Q. R. to Q. sq.	15. Kt. to K. B. 4.
16. R. takes Q. P.	16. Kg. takes P.
17. P. to K. 6 (ch.)	17. Kg. to Q. B. sq.
18. P. takes P.	18. B. to Q. R. sq.
19. Kt. takes P. (ch.)	19. Kt. takes Kt.
20. Q. to K. 6 (ch.)	20. Kg. to Q. sq.
21. R. to Q. sq. (ch.)	21. Kt. to Q. 3.
22. R. takes Kt.	22. P. takes R.
23. Q. takes P. (ch.)	23. Kg. to B. sq.
24. B. to K. 6 (ch.)	24. Kg. to Kt. 2.
25. B. to Q. 5 (ch.)	25. Q. takes B.
26. Q. takes Q. (ch.)	26. Kg. to R. 3.
27. Q. to B. 4 (ch.)	27. Kg. to Kt. 2.
28. Q. to K. 4 (ch.)	28. Kt. to B. 3.
29. Kt. to K. 5.	29. Kg. to R. 3.
30. Q. to B. 4 (ch.)	30. Kg. to R. 2.
31. B. to B. 5 (ch.)	31. R. to Kt. 3.
32. B. takes R. (ch.)	32. B. takes B.
33. Kt. takes Kt. (ch.)	33. B. takes Kt.
34. Q. takes B.	

And wins.

GAME XLVI.

HERR MAX LANGE WINS OF HERR LUDWIG LANGE.

[SCOTCH GAMBIT.]

WHITE. (HERR LUDWIG LANGE.)	BLACK. (HERR MAX LANGE.)
1. P. to K. 4.	1. P. to K. 4.
2. Kt. to K. B. 3.	2. Kt. to Q. B. 3.
3. P. to Q. 4.	3. P. takes P.
4. K. B. to Q. B. 4.	4. K. B. to Q. B. 4.
5. P. to Q. B. 3.	5. K. Kt. to B. 3.
6. P. to K. 5.	6. P. to Q. 4.
7. K. B. to Q. Kt. 5.	7. K. Kt. to K. 5.
8. P. takes P.	8. K. B. to Q. Kt. 3.
9. K. B. takes Q. Kt. (ch.)	9. P. takes K. B.
10. Q. to Q. B. 2.	10. Castles.
11. Q. Kt. to Q. 2.	11. P. to K. B. 4.
12. Q. takes B. P.	12. P. to K. R. 3.
13. Castles.	13. Q. B. to R. 3.
14. K. R. to K. sq.	14. Kt. takes B. P.
15. Kg. takes Kt.	15. K. B. takes P. (ch.)
16. K. Kt. takes K. B.	16. Q. to K. R. 5 (ch.)
17. Kg. to B. 3.	17. Q. to Kt. 5 (ch.)
18. Kg. to K. 3.	18. P. to K. B. 5 (ch.)
19. Kg. to B. 2.	19. Q. to K. R. 5 (ch.)
20. Kg. to B. 3.	20. Q. takes K. R.
21. Q. takes B.	21. Q. to K. 6 (ch.)
22. Kg. to Kt. 4.	22. Q. takes Kt.
23. Kt. to K. B. 3.	23. Q. to K. 5.
24. Q. to K. 6 (ch.)	24. Kg. to R. 2.
25. B. to Q. 2.	25. Q. R. to K. sq.
26. Q. to Q. 7.	26. Q to K. Kt. 3 (ch.)
27. Kg. to R. 4.	27. Q. R. takes P.
28. Q. to K. Kt. 4.	28. Q. to K. B. 3 (ch.)
29. Kg. to R. 3.	29. P. to K. R. 4.
30. Q. to Q. 7.	30. K. R. to Q. sq.
31. Q. takes K. R.	31. Q. to K. B. 4 (ch.)
32. P. to K. Kt. 4.	32. Q. takes Kt. P.

Checkmate.

GAME XLVII.

HERR MAX LANGE WINS OF AN AMATEUR.

[GIUOCO PIANO.]

WHITE. (AMATEUR.)	BLACK. (HERR MAX LANGE.)
1. P. to K. 4.	1. P. to K. 4.
2. Kt. to K. B. 3.	2. Kt. to Q. B. 3.
3. B. to Q. B. 4.	3. B. to Q. B. 4.
4. P. to Q. B. 3.	4. Kt. to K. B. 3.
5. P. to Q. 4.	5. P. takes P.
6. P. to K. 5.	6. P. to Q. 4.
7. B. to Q. Kt. 5.	7. Kt. to K. 5.
8. P. takes P.	8. B. to Q. Kt. 3.
9. Kt. to Q. B. 3.	9. Castles.
10. B. takes Kt.	10. P. takes B.
11. B. to K. 3.	11. B. to Q. R. 3.
12. Q. to B. sq.	12. P. to K. B. 4.
13. Kt. to K. Kt. 5.	13. P. to K. B. 5.
14. B. takes P.	14. R. takes B.
15. Kt. to K. 6.	15. R. takes B. P.
16. Kt. takes Q.	16. B. to Q. R. 4.
17. Q. to K. 3.	17. R. takes Q. Kt. P.
18. R. to Q. B. sq.	18. Q. R. to Q. Kt. sq.
19. Kt. takes P. on Q. B. 6.	19. B. takes Kt. (ch.)
20. R. takes B.	20. R. to Q. Kt. 8 (ch.)
21. R. to Q. B. sq.	21. Q. R. to Q. Kt. 7.
22. Kt. to K. 7 (ch.)	22. Kg. to B. 2.
23. Kt. takes P. on Q. 5.	23. R. takes R. (ch.)
24. Q. takes R.	24. R. to K. 7 (ch.)
25. Kg. to Q. sq.	25. Kt. to K. B. 7.

Checkmate.

E

Game XLVIII.

Herr Max Lange wins of Von Schierstedt.

[Scotch Gambit.]

WHITE. (Herr Max Lange.)	BLACK. (Von Schierstedt.)
1. P. to K. 4.	1. P. to K. 4.
2. Kt. to K. B. 3.	2. Kt. to Q. B. 3.
3. P. to Q. 4.	3. P. takes P.
4. B. to Q. Kt. 5.	4. B. to Q. B. 4.
5. Castles.	5. K. Kt. to K. 2.
6. Q. Kt. to Q. 2.	6. P. to Q. 4.
7. P. takes Q. P.	7. Q. takes P.
8. B. to Q. B. 4.	8. Q. to her sq.
9. Kt. to K. Kt. 5.	9. Q. Kt. to K. 4.
10. Kt. takes K. B. P.	10. Kt. takes Kt.
11. B. takes Kt. (ch.)	11. Kg. takes B.
12. Q. to K. R. 5 (ch.)	12. P. to K. Kt. 3.
13. Q. takes B.	13. Kt. to Q. B. 3.
14. Kt. to K. B. 3.	14. K. R. to K. sq.
15. Q. B. to K. R. 6.	15. Q. B. to K. B. 4.
16. Q. R. to K. sq.	16. Q. to Q. 2.
17. Q. to Q. B. 4 (ch.)	17. B. to K. 3.
18. Kt. to Kt. 5 (ch.)	18. Kg. to B. 3.
19. Q. to K. 2.	19. B. to K. Kt. 5.
20. P. to K. B. 3.	20. R. takes Q.
21. P. takes B. (dis. ch.)	21. Kg. to K. 4.
22. R. takes R. (ch.)	22. Kg. to Q. 4.
23. Kt. to K. 4.	23. Kg. to Q. B. 5.
24. P. to Q. R. 4.	24. Q. takes K. Kt. P.
25. P. to Q. Kt. 3 (ch.)	25. Kg. to Kt. 5.
26. B. to Q. 2 (ch.)	26. Kg. to R. 6.
27. Kt. to Q. B. 3.	27. P. takes Kt.
28. B. takes P.	28. Kt. to Q. Kt. 5.
29. R. to Q. R. sq. (ch.)	29. Kt. to Q. R. 7.
30. R. takes Kt. (ch.)	30. Kg. takes R.
31. R. to K. sq.	

And Black can only prolong the contest for three moves.

GAME XLIX.

HERR MAX LANGE WINS OF VON DRYGALSKI.

[QUEEN'S KNIGHT'S OPENING.]

WHITE. (HERR MAX LANGE.)	BLACK. (M. DRYGALSKI.)
1. P. to K. 4.	1. P. to K. 4.
2. Q. Kt. to Q. B. 3.	2. Q. Kt. to Q. B. 3.
3. P. to K. B. 4.	3. P. takes P.
4. Kt. to K. B. 3.	4. P. to K. Kt. 4.
5. B. to Q. B. 4.	5. P. to K. Kt. 5.
6. P. to Q. 4.	6. P. takes Kt.
7. Castles.	7. P. takes Kt. P.
8. B. takes K. B. P. (ch.)	8. Kg. takes B.
9. Q. to K. R. 5. (ch.)	9. Kg. to Kt. 2.
10. Q. to K. Kt. 4 (ch.)	10. Kg. to B. 2.
11. B. takes P.	11. P. takes R.
	Queens and checks.
12. R. takes Q.	12. Kt. to K. B. 3.
13. B. to K. Kt. 5.	13. B. to K. 2.
14. Kt. to Q. 5.	14. R. to K. Kt. sq.
15. P. to K. 5.	15. P. to K. R. 3.
16. Q. to K. R. 5 (ch.)	16. Kg. to K. 3.
17. Kt. to K. B. 4 (ch.)	17. Kg. to B. 4.
18. Q. to K. B. 7.	18. R. takes B. (ch.)
19. Kt. to K. Kt. 2,	19. Kg. to K. 5.
Covering and discovering check.	
20. R. to K. B. 4.	

Checkmate.

GAME L.

HERR LEPGE WINS OF HERR SAALBACH.

[KING'S BISHOP'S GAMBIT.]

WHITE. (HERR LEPGE.)	BLACK. (HERR SAALBACH.)
1. P. to K. 4.	1. P. to K. 4.
1. P. to K. B. 4.	1. P. takes P.
3. B. to Q. B. 4.	3. Q. to K. R. 5 (ch.)
4. Kg. to B. sq.	4. P. to K. Kt. 4.
5. Kt. to Q. B. 3.	5. B. to K. Kt. 2.
6. P. to Q. 4.	6. Kt. to K. 2.
7. Kt. to K. B. 3.	7. Q. to K. R. 4.
8. P. to K. R. 4.	8. P. to K. R. 3.
9. Kg. to Kt. sq.	9. Q. to Kt. 3.
10. P. takes P.	10. R. P. takes P.
11. R. takes R.	11. B. takes R.
12. P. to K. 5.	12. Q. Kt. to Q. B. 3.
13. Q. Kt. to Q. Kt. 5.	13. Kg. to Q. sq.
14. B. takes K. B. P.	14. Q. takes B.
15. Kt. takes K. Kt. P.	15. Q. to K. B. 4.
16. Q. to K. R. 5.	16. Kt. to K. Kt. 3.
17. K. B. takes K. B. P.	17. P. to Q. R. 3.
18. R. to K. B. sq.	18. P. takes Kt.
19. Kt. to B. 7 (ch.)	19. Q. takes Kt.
20. B. to Kt. 5 (ch.)	20. Q. to K. 2.
21. Q. takes B. (ch.)	21. Kt. takes Q.
22. Rook mates.	

GAME LI.

MR. MAC DONNELL WINS OF M. DE LA BOURDONNAIS.

[MUZIO GAMBIT.]

WHITE. (MR. MAC DONNELL.)	BLACK. (M. DE LA BOURDONNAIS.)
1. P. to K. 4.	1. P. to K. 4.
2. P. to K. B. 4.	2. P. takes P.
3. Kt. to K. B. 3.	3. P. to K. Kt. 4.
4. K. B. to Q. B. 4.	4. P. to K. Kt. 5.
5. Q. Kt. to B. 3.	5. P. takes Kt.
6. Q. takes P.	6. K. B. to K. R. 3.
7. P. to Q. 4.	7. Q. Kt. to B. 3.
8. Castles.	8. Q. Kt. takes Q. P.
9. B. takes K. B. P. (ch.)	9. Kg. takes B.
10. Q. to K. R. 5. (ch.)	10. Kg. to K. Kt. 2.
11. Q. B. takes P.	11. B. takes B.
12. K. R. takes B.	12. K. Kt. to B. 3.
13. Q. to K. Kt. 5. (ch.)	13. Kg. to B. 2.
14. Q. R. to K. B. sq.	14. Kg. to his sq.
15. K. R. takes Kt.	15. Q. to K. 2.
16. Q. Kt. to Q. 5.	16. Q. to Q. B. 4.
17. Kg. to R. sq.	17. Kt. to K. 3.
18. K. R. takes Kt.	18. P. takes R.
19. Kt. to B. 6. (ch.)	

And wins.

GAME LII.

MR. MAC DONNELL WINS OF M. DE LA BOURDONNAIS.

[QUEEN's GAMBIT.]

WHITE. (M. DE LA BOURDONNAIS.)	BLACK. (MR. MAC DONNELL.)
1. P. to Q. 4.	1. P. to Q. 4.
2. P. to Q. B. 4.	2. P. takes P.
3. P. to K. 4.	3. P. to K. 4.
4. P. to Q. 5.	4. P. to K. B. 4.
5. Q. Kt. to B. 3.	5. K. Kt. to B. 3.
6. K. B. takes P.	6. K. B. to Q. B. 4.
7. K. Kt. to B. 3.	7. Q. to K. 2.
8. Q. B. to K. Kt. 5.	8. K. B. takes P. (ch.)
9. Kg. to B. sq.	9. K. B. to Q. Kt. 3.
10. Q. to K. 2.	10. P. to K. B. 5.
11. Q. R. to Q. sq.	11. B. to K. Kt. 5.
12. P. to Q. 6.	12. P. takes P.
13. Q. Kt. to Q 5.	13. Kt. takes Kt.
14. B. takes Q.	14. Kt. to K. 6. (ch.)
15. Kg. to K. sq.	15. Kg. takes B.
16. Q. to Q. 3.	16. K. R. to Q. sq.
17. Q. R. to Q. 2.	17. Q. Kt. to B. 3.
18. P. to Q. Kt. 3.	18. K. B. to Q. R. 4.
19. P. to Q. R. 3.	19. Q. R. to Q. B. sq.
20. K. R. to K. Kt. sq.	20. P. to Q. Kt. 4.
21. K. B. takes P.	21. Q. B. takes Kt.
22. P. takes B.	22. Q. Kt. to Q. 5.
23. K. B. to Q. B. 4.	23. Kt. takes K. B. P.(ch.)
24. Kg. to B. 2.	24. Kt. takes Q. R.
25. K. R. takes P. (ch.)	25. Kg. to B. 3.
26. R. to K. B. 7. (ch.)	26. Kg. to Kt. 3.
27. R. to Q. Kt. 7.	27. Q. Kt. takes B.
28. P. takes Kt.	28. R. takes P.
29. Q. to Q. Kt. sq.	29. B. to Q. Kt. 3.
30. Kg. to B. 3.	30. R. to Q. B. 6.
31. Q. to Q. R. 2.	31. Kt. to Q. B. 5. (ch.)
32. Kg. to Kt. 4.	32. R. to K. Kt. sq.
33. R. takes B.	33. P. takes R.
34. Kg. to R. 4.	34. Kg. to B. 3.
35. Q. to K. 2.	35. R. to K. Kt. 3.
36. Q. to K. R. 5.	36. Kt. to K. 6.

And wins.

GAME LIII.

MR. MACKENZIE WINS OF MR. ZEREGA.

[TWO KNIGHTS' DEFENCE.]

WHITE.	BLACK.
(MR. ZEREGA.)	(MR. MACKENZIE.)
1. P. to K. 4.	1. P. to K. 4.
2. Kt. to K. B. 3.	2. Kt. to Q. B. 3.
3. B. to Q. B. 4.	3. Kt. to K. B. 3.
4. Kt. to K. Kt. 5.	4. P. to Q. 4.
5. P. takes P.	5. Kt. to Q. R. 4.
6. B. to Q. Kt. 5 (ch.)	6. P. to Q. B. 3.
7. P. takes P.	7. P. takes P.
8. B. to Q. R. 4.	8. P. to K. R. 3.
9. Kt. to K. B. 3.	9. P. to K. 5.
10. Q. to K. 2.	10. B. to Q. B. 4.
11. Castles.	11. Castles.
12. Kt. to K. 5.	12. Q. to Q. 4.
13. Kt. takes Q. B. P.	13. Kt. takes Kt.
14. Kt. to Q. B. 3.	14. Q to K. 4.
15. B. takes Kt.	15. B. to K. Kt. 5.
16. Q. to K. sq.	16. B. to K. B. 6.
17. B. takes R.	17. B. to Q. 3.
18. P. to K. Kt. 3.	18. Q. to K. R. 4.
19. P. to K. R. 4.	19. Q. takes P.
20. P. takes Q.	20. Kt. to Kt. 5.

And mates next move.

GAME LIV.

M. MICHELET WINS OF M. KIESERITZKY.

[COCHRANE GAMBIT.]

WHITE. (M. MICHELET.)	BLACK. (M. KIESERITZKY.)
1. P. to K. 4.	1. P. to K. 4.
2. P. to K. B. 4.	2. P. takes P.
3. K. Kt. to B. 3.	3. P. to K. Kt. 4.
4. B. to Q. B. 4.	4. P. to K. Kt. 5.
5. Kt. to K. 5.	5. Q. to K. R. 5 (ch.)
6. Kg. to B. sq.	6. P. to K. B. 6.
7. P. to Q. 4.	7. K. Kt. to B. 3.
8. Q. Kt. to B. 3.	8. K. B. to Kt. 2.
9. P. to K. Kt. 3.	9. Q. to K. R. 6 (ch.)
10. Kg. to B. 2.	10. P. to Q. 3.
11. Kt. takes P. on K. B. 7.	11. R. to B. sq.
12. Kt. to K. Kt. 5. '	12. Q. to K. Kt. 7. (ch.)
13. Kg. to K. 3rd.	13. B. to K. R. 3.
14. Kg. to Q. 3.	14. Q. Kt. to B. 3.
15. P. to Q. R. 3.	15. B. takes. Kt.
16. Q. B. takes B.	16. Kt. takes K. P.
17. Q. to K. sq.	17. B. to K. B. 4.
18. Kt. takes Kt.	18. P. to K. B. 7.
19. Q. to K. 3.	19. Kg. to Q. 2.
20. B. to Q. 5.	20. Q. R. to K. sq.
21. Q. R. to K. B. sq.	21. B. takes Kt. (ch.)
22. B. takes B.	22. R. to K. B. 6.
23. Q. takes R.	23. P. takes Q.
24. B. to B. 5. (ch.)	24. R. to K. 3.
25. P. to Q. 5.	25. Kt. to K. 4. (ch.)
26. Kg. to Q. 4.	26. P. to K. R. 4.
27. P. takes R. (ch.)	27. Kg. to his sq.
28. Q. B. to K. B. 6.	28. P. to K. R. 5.
29. B. takes Kt.	29. P. takes B. (ch.)
30. Kg. takes P.	30. R. P. takes P.
31. Kg. to K. B. 6.	

And wins, mating in six moves if Black take the Rook on K. R. sq.

GAME LV.

HERR MIESES WINS OF HERR ANDERSSEN.

[RUY LOPEZ KNIGHT'S GAME.]

WHITE.	BLACK.
(HERR MIESES.)	(HERR ANDERSSEN.)
1. P. to K. 4.	1. P. to K. 4.
2. Kt. to K. B. 3.	2. Kt. to Q. B. 3.
3. B. to Kt. 5.	3. P. to Q. R. 3.
4. B. to Q. R. 4.	4. K. Kt. to B. 3.
5. Castles.	5. Kt. takes P.
6. K. R. to K. sq.	6. Kt. to K. B. 3.
7. P. to Q. 4.	7. P. to K. 5.
8. P. to Q. 5.	8. P. to Q. Kt. 4.
9. B. to Q. Kt. 3.	9. Kt. to Q. R. 4.
10. Q. Kt. to B. 3.	10. Kt. takes B.
11. Kt. takes K. P.	11. Kt. takes Kt.
12. R. takes Kt. (ch.)	12. B. to K. 2.
13. P. to Q. 6.	13. Q. B. P. takes P.
14. B. to K. Kt. 5.	14. P. to K. B. 3.
15. B. takes P.	15. P. takes B.
16. Kt. to K. R. 4.	16. Castles.
17. Kt. to K. B. 5.	17. Kg. to K. R. sq.
18. R. takes B.	18. Q. takes R.
19. Kt. takes Q.	19. Kt. takes R.
20. Q. to K. R. 5.	20. B. to Q. Kt. 2.
21. Kt. to Kt. 6 (ch.)	21. Kg. to K. Kt. 2.
22. Kt. takes R.	22. R. takes Kt.
23. Q. to Q. sq.	23. R. to Q. B. sq.
24. P. to Q. B. 3.	24. Kg. to K. B. 2.
25. Q. takes Kt.	

And wins.

GAME LVI.

MR. MORPHY WINS OF HERR LÖWENTHAL.

[EVANS GAMBIT.]

WHITE. (MR. MORPHY.)	BLACK. (HERR LÖWENTHAL.)
1. P. to K. 4.	1. P. to K. 4.
2. Kt. to K. B. 3.	2. Kt. to Q. B. 3.
3. B. to Q. B. 4.	3. B. to Q. B. 4.
4. P. to Q. Kt. 4.	4. B. takes P.
5. P. to Q. B. 3.	5. B. to Q. B. 4.
6. Castles.	6. P. to Q. 3.
7. P. to Q. 4.	7. P. takes P.
8. P. takes P.	8. B. to Kt. 3.
9. P. to Q. 5.	9. Kt. to K. 4.
10. Kt. takes Kt.	10. P. takes Kt.
11. B. to Kt. 2.	11. Q. to K. 2.
12. B. to Kt. 5 (ch.)	12. B. to Q. 2.
13. B. takes B. (ch.)	13. Kg. takes B.
14. Q. to Kt. 4 (ch.)	14. P. to K. B. 4.
15. Q. takes P. (ch.)	15. Kg. to K. sq.
16. B. takes P.	16. Kt. to R. 3.
17. Q. to B. 4.	17. Kg. to Q. 2.
18. Kt. to Q. 2.	18. Q. R. to K. sq.
19. Kt. to B. 4.	19. B. to B. 4.
20. Q. R. to Q. sq.	20. B. to Q. 3.
21. B. takes B.	21. P. takes B.
22. R. to Q. Kt. sq.	22. P. to Q. Kt. 3.
23. K. R. to Q. B. sq.	23. Q. to B. 3.
24. Q. to K. 3.	24. Kt. to Kt. 5.
25. Kt. takes P. (ch.)	25. P. takes Kt.
26. R. to B. 7 (ch.)	26. Kg. to Q. sq.
27. Q. takes P.	27. Q. takes P. (ch.)
28. Q. takes Q.	28. Kt. takes Q.
29. R. to R. 7.	29. Kt. to R. 6 (ch.)
30. P. takes Kt.	30. Kg. to B. sq.
31. Kg. to B. 2.	

And White wins.

GAME LVII.

MR. MORPHY WINS OF HERR L. PAULSEN.

[IRREGULAR TWO KNIGHTS' OPENING.]

WHITE. (HERR L. PAULSEN.)	BLACK. (MR. MORPHY.)
1. P. to K. 4.	1. P. to K. 4.
2. Kt. to K. B. 3.	2. Kt. to Q. B. 3.
3. Kt. to Q. B. 3.	3. Kt. to K. B. 3.
4. B. to Q. Kt. 5.	4. B. to B. 4.
5. Castles.	5. Castles.
6. Kt. takes P.	6. R. to K. sq.
7. Kt. takes Kt.	7. Q. P. takes Kt.
8. B. to B. 4.	8. P. to Q. Kt. 4.
9. B. to K. 2.	9. Kt. takes P.
10. Kt. takes Kt.	10. R. takes Kt.
11. B. to B. 3.	11. R. to K. 3.
12. P. to Q. B. 3.	12. Q. to Q. 6.
13. P. to Q. Kt. 4.	13. B. to Kt. 3.
14. P. to Q. R. 4.	14. P. takes P.
15. Q. takes P.	15. B. to Q. 2.
16. R. to R. 2.	16. Q. R. to K. sq.
17. Q. to R. 6.	17. Q. takes B.
18. P. takes Q.	18. R. to Kt. 3 (ch.)
19. Kg. to R. sq.	19. B. to R. 6.
20. R. to Q. sq.	20. B. to Kt. 7 (ch.)
21. Kg. to Kt. sq.	21. B. takes P. (dis. ch.)
22. Kg. to B. sq.	22. B. to Kt. 7 (ch.)
23. Kg. to Kt. sq.	23. B. to R. 6 (dis. ch.)
24. Kg. to R. sq.	24. B. takes P.
25. Q. to K. B. sq.	25. B. takes Q.
26. R. takes B.	26. R. to K. 7.
27. R. to Q. R. 6.	27. R. to K. R. 3.
28. P. to Q. 4.	28. B. to K. 6.

And wins.

GAME LVIII.

MR. MORPHY WINS OF MR. BIRD.

[PHILIDOR'S DEFENCE.]

WHITE. (MR. BIRD.)	BLACK. (MR. MORPHY.)
1. P. to K. 4.	1. P. to K. 4.
2. Kt. to K. B. 3.	2. P. to Q. 3.
3. P. to Q. 4.	3. P. to K. B. 4.
4. Kt. to B. 3.	4. P. takes K. P.
5. Q. Kt. takes P.	5. P. to Q. 4.
6. Kt. to Kt. 3.	6. P. to K. 5.
7. Kt. to K. 5.	7. Kt. to K. B. 3.
8. B. to K. Kt. 5.	8. B. to Q. 3.
9. Kt. to R. 5.	9. Castles.
10. Q. to Q. 2.	10. Q. to K. sq.
11. P. to K. Kt. 4.	11. Kt. takes P.
12. Kt. takes Kt.	12. Q. takes Kt.
13. Kt. to K. 5.	13. Kt. to B. 3.
14. B. to K. 2.	14. Q. to R. 6.
15. Kt. takes Kt.	15. P. takes Kt.
16. B. to K. 3.	16. R. to Kt. sq.
17. Castles Q. R.	17. R. takes B. P.
18. B. takes R.	18. Q. to Q. R. 6.
19. P. to B. 3.	19. Q. takes R. P.
20. P. to Kt. 4.	20. Q. to R. 8. (ch.)
21. Kg. to B. 2.	21. Q. to R. 5. (ch.)
22. Kg. to Kt. 2.	22. B. takes Kt. P.
23. P. takes B.	23. R. takes P. (ch.)
24. Q. takes R.	24. Q. takes Q. (ch.)
25. Kg. to B. 2.	25. P. to K. 6.
26. B. takes P.	26. B. to B. 4. (ch.)
27. R. to Q. 3.	27. Q. to B. 5. (ch.)
28. Kg. to Q. 2.	28. Q. to R. 7. (ch.)
29. Kg. to Q. sq.	29. Q. to Kt. 8. (ch.)

And wins.

GAME LIX.

MR. MORPHY WINS OF THE DUKE OF BRUNSWICK AND
COUNT ISOUARD CONSULTING.

[PHILIDOR'S DEFENCE.]

WHITE. (MR. MORPHY.)	BLACK. (THE ALLIES.)
1. P. to K. 4.	1. P. to K. 4.
2. Kt. to K. B. 3.	2. P. to Q. 3.
3. P. to Q. 4.	3. B. to Kt. 5.
4. P. takes P.	4. B. takes Kt.
5. Q. takes B.	5. P. takes P.
6. B. to Q. B. 4.	6. Kt. to K. B. 3.
7. Q. to Q. Kt. 3.	7. Q. to K. 2.
8. Kt. to B. 3.	8. P. to B. 3.
9. B. to K. Kt. 5.	9. P. to Q. Kt. 4.
10. Kt. takes P.	10. P. takes Kt.
11. B. takes Kt. P. (ch.)	11. Q. Kt. to Q. 2.
12. Castles (Q. R.)	12. R. to Q. sq.
13. R. takes Kt.	13. R. takes R.
14. R. to Q. sq.	14. Q. to K. 3.
15. B. takes R. (ch.)	15. Kt. takes B.
16. Q. to Kt. 8. (ch.)	16. Kt. takes Q.
17. R. to Q. 8.	

Mate.

GAME LX.

HERR NEUMANN WINS OF AN AMATEUR.

[SALVIO GAMBIT.]

WHITE. (AMATEUR.)	BLACK. (HERR NEUMANN.)
1. P. to K. 4.	1. P. to K. 4.
2. P. to K. B. 4.	2. P. takes P.
3. Kt. to K. B. 3.	3. P. to K. Kt. 4.
4. B. to Q. B. 4.	4. P. to K. Kt. 5.
5. Kt. to K. 5.	5. Q. to R. 5 (ch.)
6. Kg. to K. B. sq.	6. Kt. to K. R. 3.
7. P. to Q. 4.	7. P. to K. B. 6.
8. P. to K. Kt. 3.	8. Q. to K. R. 6 (ch.)
9. Kg. to B. 2.	9. Q. to Kt. 7 (ch.)
10. Kg. to K. 3.	10. P. to K. B. 4.
11. Kt. to Q. B. 3.	11. Kt. to Q. B. 3.
12. Kt. to Q. 3.	12. P. takes K. P.
13. Kt. to K. B. 4.	13. Kt. to K. B. 4 (ch.)
14. Kg. takes P.	14. Kt. to Q. 3 (ch.)
15. Kg. to Q. 5.	15. Kt. to Q. Kt. 5 (ch.)
16. Kg. to Q. B. 5.	16. P. to Q. R. 4.
17. P. to Q. 5.	17. B. to Kt. 2.
18. R. to K. sq. (ch.)	18. Kg. to Q. sq.
19. Kt. to Q. R. 4.	19. Q. to K. B. 7 (ch.)
20. B. to K. 3.	20. Kt. to K. 5 (ch.)
21. Kg. to Kt. 5.	21. P. to Q. B. 3 (ch.)
22. Kg. to Kt. 6.	22. B. to K. 4.
23. P. to Q. 6.	23. Q. takes R.
24. Q. takes Q.	24. B. takes Q. P.
25. Kt. to K. 6 (ch.)	25. P. takes Kt.
26. B. to K. Kt. 5 (ch.)	26. Kt. takes B.
27. R. to Q. sq.	27. Kt. to Q. 4 (ch.)
28. R. takes Kt.	28. K. P. takes R.
29. B. to Q. 3.	29. Kt. to K. 5.

And the first player surrenders.

Game LXI.

PRINCE OUROUSSOFF WINS OF MR. SCHOUMOFF.

[GIUOCO PIANO.]

WHITE. (MR. SCHOUMOFF.)	BLACK. (PRINCE OUROUSSOFF.)
1. P. to K. 4.	1. P. to K. 4.
2. Kt. to K. B. 3.	2. Kt. to Q. B. 3.
3. B. to Q. B. 4.	3. B. to Q. B. 4.
4. P. to Q. B. 3.	4. Kt. to K. B. 3.
5. P. to Q. 3.	5. P. to Q. 3.
6. B. to K. Kt. 5.	6. P. to K. R. 3.
7. B. to K. R. 4.	7. P. to K. Kt. 4.
8. B. to K. Kt. 3.	8. P. to Q. R. 3.
9. P. to Q. Kt. 4.	9. B. to Q. R, 2.
10. P. to Q. R. 4.	10. Kt. to K. 2.
11. Q. to Q. Kt. 3.	11. R. to K. R. 2.
12. Q. Kt. to Q. 2.	12. Kt. to K. Kt. 3.
13. P. to Q. 4.	13. P. to K. Kt. 5.
14. Kt. to K. R. 4.	14. Kt. takes Kt.
15. B. takes Kt.	15. P. takes P.
16. P. to K. 5.	16. P. takes Q. B. P.
17. Kt. to K. 4.	17. Kt. takes Kt..
18. B. takes Q.	18. B. takes P. (ch.)
19. Kg. to K. 2.	19. P. to K. Kt. 6.
20. P. to K. R. 3.	20. Kg. takes B.
21. B. takes K. B. P.	21. B. to K. B. 4.
22. B. to Q. 5.	22. R. to K. 2.
23. P. to K. 6.	23. P. to Q. B. 3.
24. B. takes Kt.	24. R. takes P.
25. K. R. to Q. sq.	25. R. takes B. (ch.)
26. Kg. to K. B. sq.	26. P. to Q. B. 7.
27. R. takes P. (ch.)	27. Kg. to K. 2.
28. R. to Q. 2.	28. B. to K. 3.
29. Q. takes Q. B. P.	29. B. to Q. B. 5 (ch.)
30. R. to Q. 3.	30. R. to K. B. sq.
31. Q. takes B.	31. R. takes Q.

White gives up.

GAME LXII.

VON PETROFF WINS OF M. HOFFMAN.

[GIUOCO PIANO.]

WHITE. (M. HOFFMAN.)	BLACK. (VON PETROFF.)
1. P. to K. 4.	1. P. to K. 4.
2. Kt. to K. B. 3.	2. Kt. to Q. B. 3. .
3. B. to Q. B. 4.	3. B. to Q. B. 4.
4. P. to Q. B. 3.	4. Kt. to K. B. 3.
5. P. to Q. 4.	5. P. takes P.
6. P. to K. 5.	6. Kt. to K. 5.
7. B. to Q. 5.	7. Kt. takes K. B. P.
8. Kg. takes Kt.	8. P. takes P. (dis. ch.)
9. Kg. to Kt. 3.	9. P. takes P.
10. Q. B. takes P.	10. Kt. to K. 2.
11. Kt. to K. Kt. 5.	11. Kt. takes B.
12. Kt. takes K. B. P.	12. Castles.
13. Kt. takes Q.	13. B. to K. B. 7 (ch.)
14. Kg. to R. 3.	14. P. to Q. 3 (dis. ch.)
15. P. to K. 6.	15. Kt. to K. B. 5 (ch.)
16. Kg. to K. Kt. 4.	16. Kt. takes K. P.
17. Kt. takes Kt.	17. B. takes Kt. (ch.)
18. Kg. to Kt. 5.	18. R. to K. B. 4 (ch.)
19. Kg. to Kt. 4.	19. P. to K. R. 4 (ch.)
20. Kg. to R. 3.	20. R. to K. B. 6.

Double check and mate.

GAME LXIII.

HERR ROSANES WINS OF AN AMATEUR.

[GIUOCO PIANO.]

WHITE. (HERR ROSANES.)	BLACK. (AMATEUR.)
1. P. to K. 4.	1. P. to K. 4.
2. K. Kt. to B. 3.	2. Q. Kt. to B. 3.
3. B. to Q. B. 4.	3. B. to Q. B. 4.
4. Castles.	4. K. Kt. to B. 3.
5. P. to Q. 4.	5. P. takes P.
6. P. to K. 5.	6. P. to Q. 4.
7. P. takes Kt.	7. P. takes B.
8. R. to K. sq. (ch.)	8. Kg. to B. sq.
9. P. takes P. (ch.)	9. Kg. takes P.
10. Q. Kt. to Q. 2.	10. B. to K. 3.
11. Q. Kt. to K. 4.	11. B. to K. 2.
12. K. Kt. to Kt. 5.	12. B. to K. B. 4.
13. Q. to K. R. 5.	13. B. to K. Kt. 3.
14. Q. to R. 6 (ch.)	14. Kg. takes Q.
15. Kt. to K. 6 (dis. ch.)	15. Kg. to R. 4.
16. Kt. to Kt. 7 (ch.)	16. Kg. to R. 5.
17. P. to K. B. 3.	17. B. to Q. 3.
18. P. to K. Kt. 3 (ch.)	18. B. takes P.
19. P. takes B. (ch.)	19. Kg. to R. 6.
20. Kg. to B. 2.	20. Kg. to R. 7.
21. B. to K. B. 4.	

And White mates next move.

GAME LXIV.

MR. STANLEY WINS OF HERR SCHULTEN.

(GIUOCO PIANO.)

WHITE. (HERR SCHULTEN.)	BLACK. (MR. STANLEY.)
1. P. to K. 4.	1. P. to K. 4.
2. Kt. to K. B. 3.	2. Kt. to Q. B. 3.
3. B. to Q. B. 4.	3. B. to Q. B. 4.

E

4. P. to Q. B. 3.	4. Q. to K. 2.
5. Q. to K. 2.	5. P. to Q. 3.
6. P. to Q. R. 4.	6. P. to Q. R. 3.
7. P. to Q. Kt. 4.	7. K. B. to R. 2.
8. Q. B. to Kt. 2.	8. Q. B. to K. 3.
9. Castles.	9. K. Kt. to B. 3.
10. P. to Q. 3.	10. Castles (K. R.)
11. P. to Q. Kt. 5.	11. Q. Kt. to R. 4.
12. Kt. P. takes P.	12. Kt. P. takes P.
13. K. B. takes B.	13. B. P. takes B.
14. P. to Q. 4.	14. K. P. takes P.
15. B. P. takes P.	15. Q. R. to Kt. sq.
16. P. to K. 5.	16. K. Kt. to Q. 4.
17. Q. R. to Q. R. 2.	17. Q. Kt. to B. 3.
18. K. P. takes P.	18. B. P. takes P.
19. Q. B. to R. sq.	19. Q. R. to Kt. 6.
20. Q. Kt. to Q. 2.	20. Kt. to K. B. 5.
21. Q. to Q. B. 4.	21. R. to Q. Kt. 3.
22. P. to Q. R. 5.	22. P. to Q. 4.
23. Q. to Q. R. 4.	23. Q. R. to Kt. 4.
24. Q. Kt. to Kt. 3.	24. Kt. to K. R. 6 (ch.)
25. Kg. to K. R. sq.	25. K. R. takes Kt.
26. Kt. P. takes R.	26. Q. to K. B. 3.
27. P. to K. B. 4.	27. Q. takes B. 2nd P.
28. P. to K. B. 3.	28. Kt. to Q. Kt. 5.
29. Q. R. to Kt. 2.	29. Q. Kt. to Q. 6.
30. Q. to Q. R. 2.	30. Q. to K. 6.
31. Kt. to Q. B. 5.	31. K. B. takes Kt.
32. Q. P. takes B.	32. P. to K. Kt. 3.
33. P. to Q. B. 6.	33. R. to Q. B. 4.
34. Q. R. to K. 2.	

And Mr. Stanley announced mate in five moves, commencing by

34. R. to Q. B. 8.

when if

35. R. takes Q.	35. R. takes R. (ch.)
36. Kg. to Kt. 2.	36. R. to K. Kt. 8 (ch.)
37. Kg. takes Kt.	37. Kt. to K. B. 5 (ch.)
38. Kg. to R. 4.	38. P. to K. Kt. 4.

Checkmate.

GAME LXV.

MR. STANLEY WINS OF MR. ROUSSEAU.

[SICILIAN OPENING.]

WHITE. (MR. ROUSSEAU.)	BLACK. (MR. STANLEY.)
1. P. to K. 4.	1. P. to Q. B. 4.
2. P. to K. B. 4.	2. P. to K. 3.
3. K. Kt. to B. 3.	3. Q. Kt. to B. 3.
4. P. to Q. B. 3.	4. P. to Q. 4.
5. P. takes P.	5. P. takes P.
6. P. to Q. 4.	6. K. Kt. to B. 3.
7. K. B. to Q. 3.	7. K. B. to K. 2.
8. Castles.	8. Castles.
9. K. Kt. to K. 5.	9. Q. to Q. Kt. 3.
10. K. Kt. takes Kt.	10. P. takes Kt.
11. K. B. to Q. B. 2.	11. Q. B. to Q. R. 3.
12. K. R. to B. 2.	12. K. R. to K. sq.
13. P. to K. R. 3.	13. Q. R. to Q. B. sq.
14. Q. B. to K. 3.	14. P. takes P.
15. Q. B. takes P.	15. P. to Q. B. 4.
16. B. takes Kt.	16. B. takes B.
17. Q. takes P.	17. R. to K. 8 (ch.)
18. Kg. to R. 2.	18. P. to Q. B. 5.
19. Q. to Q. 2.	19. Q. R. to K. sq.
20. P. to Q. R. 4.	20. B. to K. R. 5.
21. P. to K. Kt. 3.	21. B. takes P. (ch.)
22. Kg. takes B.	22. Q. R. to K. 6 (ch.)
23. Kg. to R. 2.	23. B. to Q. Kt. 2.
24. Kt. to Q. R. 3.	24. R. takes K. R. P. (ch.)
25. Kg. takes R.	25. R. to K. 6 (ch.)
26. Kg. to Kt. 4.	26. B. to B. sq. (ch.)
27. P. to K. B. 5.	27. Q. to K. Kt. 3 (ch.)
28. Kg. to R. 4.	28. Q. to K. Kt. 6 (ch.)
29. Kg. to R. 5.	29. P. to K. Kt. 3 (ch.)
30. P. takes P.	30. Q. to K. Kt. 5 (ch.)
31. Kg. to R. 6.	31. Q. to R. 5.

Mate.

GAME LXVI.

MR. STAUNTON WINS OF A PROVINCIAL AMATEUR.

[MUZIO GAMBIT.]

WHITE. (MR. STAUNTON.)	BLACK. (AMATEUR.)
1. P. to K. 4.	1. P. to K. 4.
2. P. to K. B. 4.	2. P. takes P.
3. K. Kt. to B. 3.	3. P. to K. Kt. 4.
4. B. to Q. B. 4.	4. P. to Kt. 5.
5. Castles.	5. P. takes Kt.
6. Q. takes P.	6. Q. to K. B. 3.
7. P. to K. 5.	7. Q. takes P.
8. P. to Q. 3.	8. K. B. to K. R. 3.
9. Q. Kt. to B. 3.	9. P. to Q. B. 3.
10. Q. B. takes P.	10. Q. to Q. 5. (ch.)
11. Kg. to R. sq.	11. B. takes B.
12. Q. R. to K. sq. (ch.)	12. K. Kt. to K. 2.
13. R. to K. 4.	13. Q. to K. Kt. 2.
14. Q. takes B.	14. P. to Q. 4.
15. B. takes Q. P.	15. P. takes B.
16. R. takes Kt. (ch.)	16. Kg. takes R.
17. Kt. takes P. (ch.)	17. Kg. to K. 3.
18. Q. to K. 4. (ch.)	18. Kg. to Q. 2.
19. Q. to K. 7. (ch.)	19. Kg. to Q. B. 3.
20. Q. to Q. B. 7. (ch.)	20. Kg. takes Kt.
21. P. to Q. B. 4. (ch.)	21. Kg. to Q. 5.
22. Q. to Q. 6. (ch.)	22. Kg. to K. 6.
23. Q. to K. B. 4. (ch.)	

And White soon gives mate.

GAME LXVII.

MR. STAUNTON WINS OF MR. COCHRANE.

[EVANS' GAMBIT.]

WHITE. (MR. STAUNTON.)	BLACK. (MR. COCHRANE.)
1. P. to K. 4.	1. P. to K. 4.
2. K. Kt. to B. 3.	2. Q. Kt. to B. 3.
3. B. to Q. B. 4.	3. B. to Q. B. 4.
4. P. to Q. Kt. 4.	4. B. takes Kt. P.
5. P. to Q. B. 3.	5. B. to Q. R. 4.
6. Castles.	6. B. to Kt. 3.
7. Q. B. to Q. R. 3.	7. P. to Q. 3.
8. P. to Q. 4.	8. P. takes P.
9. P. takes P.	9. K. Kt. to B. 3.
10. P. to K. 5.	10. P. takes P.
11. Q. to Q. Kt. 3.	11. Q. to Q. 2.
12. P. takes P.	12. Q. Kt. to R. 4.
13. P. takes K. Kt.	13. Q. Kt. takes Q.
14. K. R. to K. sq. (ch.)	14. K. to Q. sq.
15. B. to K. 7. (ch.)	15. Kg. to K. sq.
16. P. takes K. Kt. P.	16. K. R. to Kt. sq.
17. B. to K. B. 6. (dis. ch.)	17. Q. to K. 3.
18. B. takes Q.	18. B. takes B.
19. Q. R. P. takes Kt.	

Winning.

Game LXVIII.

Herr Steinitz wins of an Amateur.

[King's Bishop's Gambit.]

WHITE. (Amateur.)	BLACK. (Herr Steinitz.)
1. P. to K. 4.	1. P. to K. 4.
2. P. to K. B. 4.	2. P. takes P.
3. B. to Q. B. 4.	3. P. to Q. 4.
4. B. takes P.	4. Q. to K. R. 5 (ch.)
5. Kg. to B. sq.	5. Kt. to K. 2.
6. Kt. to Q. B. 3.	6. P. to K. Kt. 4.
7. Kt. to K. B. 3.	7. Q. to K. R. 4.
8. P. to K. R. 4.	8. P. to K. R. 3.
9. Kg. to Kt. sq.	9. P. to K. Kt. 5.
10. Kt. to Q. 4.	10. P. to K. B. 6.
11. P. takes P.	11. P. takes P.
12. Q. takes P.	12. R. to K. Kt. sq. (ch.)
13. Kg. to B. sq.	13. B. to K. Kt. 5.
14. Q. to K. B. 6.	14. Kt. to Q. 2.
15. Q. to K. B. 4.	15. Kt. takes B.
16. Kt. takes Kt.	16. B. to Q. B. 4.
17. Kt. takes Q. B. P. (ch.)	17. Kg. to Q. sq.
18. Kt. takes Q. R.	18. B. to K. R. 6 (ch.)
19. Kg. to K. sq.	19. B. to Q. 3.
20. Q. takes B.	20. Q. takes R. P. (ch.)
21. Kg. to K. 2.	21. Q. takes K. P. (ch.)
22. Kg. to B. 2.	22. R. to Kt. 7 (ch.)
23. Kg. to B. sq.	23. R. to R. 7 (ch.)
24. Kg. to Kt. sq.	24. Q. mates.

GAME LXIX.

HERR STEINITZ WINS OF MR. MONGREDIEN.

[CENTRE COUNTER GAMBIT.]

WHITE. (HERR STEINITZ.)	BLACK. (MR. MONGREDIEN.)
1. P. to K. 4.	1. P. to Q. 4.
2. P. takes P.	2. Q. takes P.
3. Kt. to Q. B. 3.	3. Q. to Q. sq.
4. P. to Q. 4.	4. P. to K. 3.
5. Kt. to K. B. 3.	5. Kt. to K. B. 3.
6. B. to Q. 3.	6. B. to K. 2.
7. Castles.	7. Castles.
8. B. to K. 3	8. P. to Q. Kt. 3.
9. Kt. to K. 5.	9. B. to Q. Kt. 2.
10. P. to K. B. 4.	10. Q. Kt. to Q. 2.
11. Q. to K. 2.	11. K. Kt. to Q. 4.
12. Kt. takes Kt.	12. P. takes Kt.
13. R. to K. B. 3.	13. P. to K. B. 4.
14. R. to K. R. 3.	14. P. to K. Kt. 3.
15. P. to K. Kt. 4.	15. P. takes P.
16. R. takes K. R. P.	16. Kt. takes Kt.
17. B. P. takes Kt.	17. Kg. takes R.
18. Q. takes P.	18. K. R. to K. Kt. sq.
19. Q. to K. R. 5 (ch.)	19. Kg. to Kt. 2.
20. Q. to R. 6 (ch.)	20. Kg. to B. 2.
21. Q. to R. 7 (ch.)	21. Kg. to K. 3.
22. Q. to R. 3 (ch.)	22. Kg. to B. 2.
23. R. to K. B. sq. (ch.)	23. Kg. to K. sq.
24. Q. to K. 6.	24. R. to K. Kt. 2.
25. B. to K. Kt. 5.	25. Q. to Q. 2.
26. B. takes K. Kt. P. (ch.)	26. R. takes B.
27. Q. takes R. (ch.)	27. Kg. to Q. sq.
28. R. to K. B. 8 (ch.)	28. Q. to K. sq.
29. Q. takes Q.	

Checkmate.

GAME LXX.

HERR STEINITZ WINS OF AN AMATEUR.

[GIUOCO PIANO.]

WHITE. (AMATEUR.)	BLACK. (HERR STEINITZ.)
1. P. to K. 4.	1. P. to K. 4.
2. Kt. to K. B. 3.	2. Kt. to Q. B. 3.
3. B. to Q. B. 4.	3. B. to Q. B. 4.
4. P. to Q. B. 3.	4. Kt. to K. B. 3.
5. P. to Q. 4.	5. P. takes P.
6. P. to K. 5.	6. P. to Q. 4.
7. B. to Q. Kt. 5.	7. Kt. to K. 5.
8. Kt. takes Q. P.	8. Castles.
9. B. takes Kt.	9. P. takes B.
10. Castles.	10. B. to Q. R. 3.
11. R. to K. sq.	11. P. to K. B. 3.
12. P. to K. 6.	12. Q. to Q. 3.
13. B. to K. 3.	13. P. to K. B. 4.
14. Q. to Q. R. 4.	14. P. to K. B. 5.
15. P. to K. 7.	15. Q. takes P.
16. Q. takes B.	16. P. takes B.
17. P. takes P.	17. R. to K. B. 7.
18. Q. takes Q. B. P.	18. Q. R. to K. B. sq.
19. Q. takes P. (ch.)	19. Kg. to R. sq.
20. Kt. to K. B. 3.	20. Q. to K. R. 5.
21. Kt. takes Q.	21. B. takes K. P.
22. Kt. to K. Kt. 6 (ch.)	22. P. takes Kt.
23. P. to K. Kt. 3.	23. R. to K. 7. (dis. ch.)
24. Kg. to R. sq.	24. R. takes R. (ch.)
25. Kg. to Kt. 2.	25. R. to K. Kt. 8 (ch.)
26. Kg. to R. 3.	26. Kt to K. B. 7 (ch.)
27. Kg. to R. 4.	27. R. to K. B. 5 (ch.)
28. P. takes R.	28. R. to K. Kt. 5.

Checkmate.

GAME LXXI.

HERR STEINITZ WINS OF MR. HEWITT.

[COUNTER GAMBIT IN KING'S BISHOP'S OPENING.]

WHITE. (MR. HEWITT.)	BLACK. (HERR STEINITZ.)
1. P. to K. 4.	1. P. to K. 4.
2. B. to Q. B. 4.	2. P. to K. B. 4.
3. P. to Q. 3.	3. K. Kt. to B. 3.
4. Kt. to K. 2.	4. B. to Q. B. 4.
5. P. to Q. B. 3.	5. Kt. to Q. B. 3.
6. P. to Q. 4.	6. P. takes Q. P.
7. Kt. takes Q. P.	7. P. takes K. P.
8. B. to K. B. 4.	8. P. to Q. 4.
9. B. to Q. Kt. 5.	9. B. takes Kt.
10. Q. takes B.	10. Castles.
11. B. takes Kt.	11. P. takes B.
12. Q. to Q. R. 4.	12. B. to Q. 2.
13. B. to K. Kt. 5.	13. Q. to K. sq.
14. Q. to Kt. 3.	14. Kt. to Kt. 5.
15. B. to R. 4.	15. P. to K. 6.
16. Castles.	16. Q. to R. 5.
17. B. to Kt. 3.	17. P. to K. 7.
18. R. to K. sq.	18. R. takes K. B. P.
19. Kt. to Q. 2.	19. Q. R. to K. B. sq.
20. P. to Q. B. 4.	20. R. takes Kt. P. (ch.)
21. Kg. takes R.	21. Q. to K. R. 6 (ch.)
22. Kg. takes Q.	22. Kt. to K. 6 (dis. ch.)
23. Kg. to R. 4.	23. Kt. to Kt. 7 (ch.)
24. Kg. to Kt. 5.	24. R. to K. B. 4 (ch.)
25. Kg. to Kt. 4.	25. P. to K. R. 4 (ch.)
26. Kg. to R. 3.	26. R. to K. B. 7.

Checkmate.

Game LXXII.

Herr Szen wins of Herr Recsi.

[Evans' Gambit.]

WHITE. (Herr Recsi.)	BLACK. (Herr Szen.)
1. P. to K. 4.	1. P. to K. 4.
2. Kt. to K. B. 3.	2. Kt. to Q. B. 3.
3. B. to Q. B. 4.	3. B. to Q. B. 4.
4. P. to Q. Kt. 4.	4. B. takes Kt. P.
5. P. to Q. B. 3.	5. B. to Q. B. 4.
6. Castles.	6. P. to Q. 3.
7. P. to Q. 4.	7. P. takes P.
8. P. takes P.	8. B. to Kt. 3.
9. B. to Q. Kt. 2.	9. Kt. to K. B. 3.
10. Kt. to Q. 2.	10. P. to Q. 4.
11. P. takes P.	11. Kt. takes P.
12. R. to K. sq. (ch.)	12. B. to K. 3.
13. B. to Q. R. 3.	13. Q. to Q. 2.
14. B. to Q. Kt. 5.	14. P. to K. B. 3.
15. Kt. to K. 4.	15. Castles (Q. R.)
16. Q. R. to Q. B. sq.	16. B. to K. Kt. 5.
17. Q. to Q. R. 4.	17. B. takes Kt.
18. R. takes Kt.	18. B. takes Kt.
19. R. takes Q. B.	19. Q. to K. B. 4.
20. P. to K. B. 3.	20. P. to Q. R. 3.
21. R. to Q. B. sq.	21. Kg. to Kt. sq.
22. B. to K. 8.	22. P. to Q. B. 3.
23. B. to K. B. 7.	23. Kt. to Q. B. 6.
24. R. takes Kt.	24. Q. takes R.
25. P. takes Q.	25. R. takes P.
26. B. to Q. 6 (ch.)	26. Kg. to R. 2.
27. Q. takes R. P. (ch.)	27. P. takes Q.
28. B. to Q. B. 5.	28. B. takes B.
29. R. takes B.	29. Kg. to Kt. 3.

And Black wins.

GAME LXXIII.

HERR SZEN WINS OF HERR RECSI.

[GIUOCO PIANO.]

WHITE. (HERR RECSI.)	BLACK. (HERR SZEN.)
1. P. to K. 4.	1. P. to K. 4.
2. Kt. to K. B. 3.	2. Kt. to Q. B. 3.
3. B. to Q. B. 4.	3. B. to Q. B. 4.
4. P. to Q. B. 3.	4. Q. to K. B. 3.
5. Castles.	5. P. to Q. 3.
6. P. to Q. 4.	6. P. takes P.
7. B. to Q. Kt. 5.	7. B. to K. Kt. 5.
8. Q. to Q. R. 4.	8. K. Kt. to K. 2.
9. Kt. takes P.	9. Castles (K. R.)
10. B. to K. 3.	10. Q. to K. Kt. 3.
11. Kg. to R. sq.	11. B. takes Kt.
12. B. takes B.	12. B. to Q. 2.
13. Kt. to Q. 2.	13. P. to K. B. 4.
14. Q. R. to K. sq.	14. P. takes P.
15. Kt. takes P.	15. P. to Q. R. 3.
16. B. takes Kt.	16. B. takes B.
17. Q. to B. 4 (ch.)	17. B. to Q. 4.
18. Q. to K. 2.	18. Q. R. to K. sq.
19. P. to K. B. 3.	19. B. takes Q. R. P.
20. P. to Q. B. 4.	20. Kt. to K. B. 4.
21. B. to K. B. 2.	21. P. to Q. 4.
22. P. takes P.	22. Kt. to Q. 3.
23. Q. to Q. 2.	23. B. to Q. B. 5.
24. R. to Kt. sq.	24. R. takes Kt.
25. R. takes R.	25. Q. takes R.
26. P. takes Q.	26. Kt. takes P.
27. B. to K. 3.	27. Kt. takes Q.
28. B. takes Kt.	28. R. to K. B. 7.
29. B. to Q. B. 3.	29. B. takes P.
30. P. to K. R. 3.	30. P. to K. R. 4.
31. P. to K. R. 4.	31. Kg. to B. 2.
32. R. to Q. sq.	32. P. to Q. B. 3.

And wins.

GAME LXXIV.

MR. SIMONS WINS OF MR. WILLIAMS.

[EVANS' GAMBIT.]

WHITE. (MR. SIMONS.)	BLACK. (MR. WILLIAMS.)
1. P. to K. 4.	1. P. to K. 4.
2. Kt. to K. B. 3.	2. Kt. to Q. B. 3.
3. B. to Q. B. 4.	3. B. to Q. B. 4.
4. P. to Q. Kt. 4.	4. B. takes Kt. P.
5. P. to Q. B. 3.	5. B. to Q. B. 4.
6. P. to Q. 4.	6. P. takes P.
7. Castles.	7. P. to Q. 3.
8. P. takes P.	8. B. to Q. Kt. 3.
9. P. to K. R. 3.	9. Kt. to K. B. 3.
10. Q. Kt. to Q. B. 3.	10. Castles.
11. Q. B. to K. Kt. 5.	11. P. to K. R. 3.
12. B. to R. 4.	12. P. to K. Kt. 4.
13. Kt. takes P.	13. P. takes Kt.
14. B. takes P.	14. K. B. takes Q. P.
15. Q. Kt. to Q. 5.	15. Kg. to Kt. 2.
16. K. B. to Q. Kt. 5.	16. Kg. to Kt. 3.
17. P. to K. R. 4.	17. Q. B. to K. Kt. 5.
18. Q. to Q. 3.	18. K. B. takes Q. R.
19. P. to K. 5 (dis. ch.)	19. Q. B. to K. B. 4.
20. P. takes Kt.	20. B. takes Q.
21. B. takes B. (ch.)	21. Kg. to R. 4.
22. K. B. to K. B. 5.	

And mates next move.

GAME LXXV.

HERR ZUKERTORT WINS OF HERR W. SCHULTEN.

[EVANS' GAMBIT.]

WHITE. (HERR ZUKERTORT.)	BLACK. (HERR SCHULTEN.)
1. P. to K. 4.	1. P. to K. 4.
2. Kt. to K. B. 3.	2. Kt. to Q. B. 3.
3. B. to Q. B. 4.	3. B. to Q. B. 4.
4. P. to Q. Kt. 4.	4. B. takes Kt. P.
5. P. to Q. B. 3.	5. B. to Q. R. 4.
6. P. to Q. 4.	6. P. takes P.
7. Castles.	7. P. to Q. Kt. 4.
8. B. takes Kt. P.	8. K. Kt. to K. 2.
9. P. takes Q. P.	9. Castles.
10. P. to Q. 5.	10. Q. Kt. to Q. Kt. sq.
11. B. to Q. Kt. 2.	11. P. to Q. B. 3.
12. Q. to Q. 4.	12. P. to K. B. 3.
13. B. to Q. B. 4.	13. Kg. to R. sq.
14. P. to Q. 6.	14. Kt. to K. Kt. 3.
15. Kt. to K. Kt. 5.	15. Kt. to K. 4.
16. B. to Q. Kt. 3.	16. B. to Q. Kt. 3.
17. Q. to Q. B. 3.	17. B. to Q. R. 3.
18. Kt. takes K. R. P.	18. Kg. takes Kt.
19. Q. to K. R. 3 (ch.)	19. Kg. to Kt. 3.
20. Q. Kt. to Q. 2.	20. K. Kt. to K. B. 2.
21. Q. to K. B. 5 (ch.)	21. Kg. to R. 3.
22. Kt. to K. B. 3.	22. P. to K. Kt. 3.
23. Q. to K. B. 4 (ch.)	23. P. to K. Kt. 4.
24. Q. to K. B. 5.	24. Kt. takes Q. P.
25. Q. to K. R. 3. (ch.)	25. Kg. to Kt. 3.
26. Kt. to K. R. 4 (ch.)	26. Kg. to Kt. 2.
27. Q. to K. Kt. 4.	27. K. to R. 3.
28. Q. R. to Q. sq.	28. Kt. to Q. B. 5.
29. Q. R. to Q. 3.	29. Kt. to K. 4.
30. Kt. to K. B. 5 (ch.)	30. Kg. to Kt. 3.
31. Q. to K. R. 5 (ch.)	31. Kg. takes Q.
32. R. to K. R. 3 (ch.)	32. Kg. to Kt. 5.
33. B. to Q. B. sq.	33. Kt. to K. B. 6 (ch.)
34. R. takes Kt.	34. R. to K. R. sq.
35. R. to K. Kt. 3 (ch.)	35. Kg. to R. 4.
36. B. to K. B. 7.	

Checkmate.

Chess Brilliants.

SECOND SERIES—GAMES AT ODDS.

GAME I.

Mr. Blackburne gives Mr. Harley the odds of
the Queen.

[Irregular Opening.]

WHITE. (Mr. Blackburne.)	BLACK. (Mr. Harley.)
1. P. to Q. Kt. 3.	1. P. to K. 4.
2. B. to Kt. 2.	2. B. to Q. 3.
3. Kt. to Q. B. 3.	3. Kt. to K. 2.
4. P. to K. 3.	4. Castles.
5. Castles.	5. P. to Q. B. 4.
6. K. Kt. to K. 2.	6. P. to Q. Kt. 3.
7. P. to K. B. 4.	7. Q. Kt. to B. 3.
8. P. to K. Kt. 4.	8. P. to Q. R. 3.
9. P. to B. 5.	9. Q. to B. 2.
10. Kt. to Kt. 3.	10. P. to K. 5.
11. Q. Kt. takes P.	11. B. takes Kt.
12. P. takes B.	12. B. to Kt. 2.
13. B. to B. 4.	13. P. to Q. 4.
14. R. takes R. P.	14. Kg. takes R.
15. R. to R. sq. (ch.	15. Kg. to Kt. sq.
16. Kt. to B. 6 (ch.)	16. P. takes Kt.
17. Q. B. takes B. P.	17. Kt. to Kt. 3.
18. P. takes Kt.	18. P. takes P.
19. K. B. takes P. (ch.)	19. R. to K. B. 2.
20. R. to K. R. 8.	

Checkmate.

GAME II.

HERR MAX LANGE UNDERTAKES TO CHECKMATE FRAULEIN
JENNY VON SCHIERSTEDT WITH HIS QUEEN'S KNIGHT.

[QUEEN'S KNIGHT'S OPENING.]

WHITE. (HERR MAX LANGE.)	BLACK. (FR. VON SCHIERSTEDT.)
1. P. to K. 4.	1. P. to K. 4.
2. Q. Kt. to B. 3.	2. Q. Kt. to B. 3.
3. P. to K. B. 4.	3. P. takes P.
4. K. Kt. to B. 3.	4. P. to K. Kt. 4.
5. K. B. to B. 4.	5. P. to Kt. 5.
6. Castles.	6. P. takes Kt.
7. P. to Q. 4.	7. B. P. takes P.
8. K. B. takes P. (ch.)	8. Kg. takes K. B.
9. Q. to K. R. 5 (ch.)	9. Kg. to K. Kt. 2.
10. K. R. takes P.	10. K. Kt. to R. 3.
11. Q. B. to K. 3.	11. P. to Q. 3.
12. Q. Kt. to K. 2.	12. Q. to K. 2.
13. Kg. takes Kt. P.	13. Q. B. to K. 3.
14. Q. R. to K. B. sq.	14. B. to K. B. 2.
15. Q. takes K. Kt. (ch.)	15. Kg. takes Q.
16. K. R. to K. Kt. 4 (dis. ch.)	16. Kg. to K. R. 4.
17. Q. Kt. to Kt. 3 (ch.)	17. Kg. takes K. R.
18. R. to K. B. 5.	18. P. to K. R. 3.

White announced mate in three moves.

19. P. to K. R. 3 (ch.)	19. Kg. to R. 5.
20. R. to K. R. 5 (ch.	20. B. takes R.
21. The crowned Knight mates.	

GAME III.

MR. BODEN GIVES COL. B. THE ODDS OF QUEEN'S
ROOK AND MOVE.

[COUNTER GAMBIT IN THE KING'S BISHOP'S OPENING.]

WHITE. (COL. B.)	BLACK. (MR. BODEN.)
1. P. to K. 4.	1. P. to K. 4.
2. K. B. to Q. B. 4.	2. P. to K. B. 4.
3. B. takes Kt.	3. R. takes B.
4. P. takes P.	4. P. to Q. 4.
5. Q. to R. 5 (ch.)	5. P. to K. Kt. 3.
6. P. takes P.	6. R. takes P.
7. Q. takes R. P.	7. R. to K. Kt. 2.
8. Q. to R. 5 (ch.)	8. R. to K. B. 2.
9. P. to Q. 3.	9. Kt. to Q. B. 3.
10. B. to K. Kt. 5.	10. Q. to Q. 3.
11. Q. Kt. to Q. 2.	11. Kt. to Q. Kt. 5.
12. Kg. to Q. sq.	12. Q. to Q. B. 4.
13. P. to Q. B. 3.	13. Kt. takes Q. P.
14. Kg. to Q. B. 2.	14. Kt. takes K. B. P.
15. Q. R. to K. sq.	15. B. to K. B. 4 (ch.)
16. Kg. to B. sq.	16. Q. takes P. (ch.)
17. P. takes Q.	17. Bishop to R. 6.

Checkmate.

GAME IV.

HERR KOLISCH GIVES MR. MANDOLFO OF TRIESTE THE
ODDS OF QUEEN'S ROOK AND MOVE.

[KING'S KNIGHT'S DEFENCE TO KING'S BISHOP'S OPENING.]

WHITE. (MR. MANDOLFO.)	BLACK. (HERR KOLISCH.)
1. P. to K. 4.	1. P. to K. 4.
2. K. B. to Q. B. 4.	2. K. Kt. to B. 3.
3. Q. Kt. to B. 3.	3. P. to Q. B. 3.
4. P. to Q. 3.	4. P. to Q. Kt. 4.
5. K. B. to Q. Kt. 3.	5. P. to Q. R. 4.
6. P. to Q. R. 4	6. P. to Q. Kt. 5.
7. Q. Kt. to Q. R. 2.	7. P. to Q. 4.
8. P. takes P.	8. P takes P.
9. K. Kt. to K. B. 3.	9. Q. Kt. to Q. B. 3.
10. Q. to K. 2.	10. Q. B. to K. Kt. 5.
11. Castles.	11. K. B. to Q. B. 4.
12. Q. B. to K. Kt. 5.	12. P. to K. R. 3.
13. P. to K. R. 3.	13. P. to K. R. 4.
14. P. takes B.	14. P. takes P.
15. K. Kt. takes K. P.	15. Q. Kt. to Q. 5.
16. Q. to K. sq.	16. K. Kt. to K. 5.
17. Q. B. takes Q.	17. K. Kt. to K. Kt. 6.
19. Kt. to Kt. 6 (dis. ch.)	19. Q. Kt. to K. 7 (ch.)
20. Q. takes Kt.	20. Kt. takes Q.

Checkmate.

GAME V.

HERR HARRWITZ GIVES THE ODDS OF HIS QUEEN'S ROOK TO MR. STOREY OF LIVERPOOL.

[KING'S GAMBIT DECLINED.]

WHITE. (HERR HARRWITZ.)	BLACK. (MR. STOREY.)
1. P. to K. 4.	1. P. to K. 4.
2. P. to K. B. 4.	2. P. to Q. 4.
3. P. takes Q. P.	3. K. B. to Q. B. 4.
4. K. Kt. to B. 3.	4. Q. B. to K. Kt. 5.
5. Q. Kt. to B. 3.	5. K. Kt. to B. 3.
6. P. takes P.	6. Kt. takes P.
7. K. B. to Q. B. 4.	7. B. takes Kt.
8. Q. takes. B.	8. Q. to K. R. 5 (ch.)
9. P. to K. Kt. 3.	9. Q. takes B.
10. Kt. takes Kt.	10. Kt. to B. 3.
11. P. to Q. B. 3.	11. Castles (K. R.)
12. P. to Q. 4.	12. B. takes P.
13. B. to K. R. 6.	13. Q. R. to K. sq.
·14. P. takes B.	14. Kt. takes Q. P.

Herr Harrwitz announced mate in seven moves.

15. Kt. to K. B. 6 (ch.)	15. Kg. to R. sq.
16. B. takes P. (ch.)	16. Kg. takes B.
17. Kt. to K. R. 5 (ch.)	17. Kg. to R. 3.
18. Q. to K. B. 6 (ch.)	18. Kg. takes Kt.
19. P. to K. Kt. 4 (ch.)	19. Kg. takes P.
20. R. to K. Kt. sq. (ch.)	20. Kg. to R. 6.
21. Q. to K. R. 6.	

Checkmate.

GAME VI.

MR. MORPHY GIVES HIS QUEEN'S ROOK.

[TWO BISHOPS' OPENING.]

WHITE. (MR. MORPHY.)	BLACK. (AMATEUR.)
1. P. to K. 4.	1. P. to K. 4.
2. B. to B. 4.	2. B. to B. 4.
3. P. to Q. 4.	3. P. takes P.
4. Kt. to K. B. 3.	4. P. to Q. Kt. 4.
5. B. to Kt. 3.	5. P. to Q. 3.
6. Kt. to Kt. 5.	6. Kt. to K. R. 3.
7. Castles.	7. Castles.
8. P. to K. B. 4.	8. P. to R. 4.
9. P. to B. 5.	9. Q. to B. 3.
10. Q. to R. 5.	10. P. to R. 5.
11. B. to Q. 5.	11. P. to B. 3.
12. Kt. takes R. P.	12. Kg. takes Kt.
13. B. to Kt. 5.	13. Q. to K. 4.
14. Kt. to Q. 2.	14. P. takes B.
15. Kt. to B. 3.	15. Q. to K. sq.
16. P. to B. 6.	16. B. to K. Kt. 5.
17. Q. to R. 4.	17. B. takes Kt.
18. P. takes Kt. P.	18. P. to Q. 6 (dis. ch.)
19. Kg. to R. sq.	19. B. takes P. (ch.)
20. Kg. takes B.	20. Kg. takes P.
21. B. takes Kt. (ch.)	21. Kg. to R. 2.
22. B. takes R. (dis. ch).	22. Kg. to Kt. sq.
23. B. to K. 7.	23. Kt. to B. 3.
24. Q. to Kt. 5 (ch.)	24. Kg. to R. 2.
25. R. to B. 4.	

And wins.

Game VII.

Herr Steinitz gives the odds of his Queen's Rook.

[Petroff's Defence to the King's Knight's Opening.]

WHITE. (Herr Steinitz.)	BLACK. (Amateur.)
1. P. to K. 4.	1. P. to K. 4.
2. Kt. to K. B. 3.	2. Kt. to K. B. 3.
3. P. to Q. 4.	3. P. takes P.
4. P. to K. 5.	4. Kt. to Q. 4.
5. Q. takes P.	5. P. to Q. B. 3.
6. B. to Q. B. 4.	6. Q. to Q. Kt. 3.
7. Q. to K. 4.	7. B. to Q. B. 4.
8. Castles.	8. Kt. to K. 2.
9. Kt. to K. Kt. 5.	9. Q. to Q. B. 2.
10. Kt. takes K. B. P.	10. R. to K. B. sq.
11. Kt. to Q. 6 (ch.)	11. Kg. to Q. sq.
12. Q. to K. R. 4.	12. P. to K. Kt. 3.
13. Q. takes Kt.	13. Kg. takes Q.
14. B. to K. Kt. 5 (ch.)	14. R. to K. B. 3.
15. P. takes R. (ch.)	15. Kg. takes Kt.
16. Bishop mates.	

GAME VIII.

HERR STEINITZ GIVES THE ODDS OF HIS QUEEN'S ROOK.

[EVANS' GAMBIT.]

WHITE. (HERR STEINITZ.)	BLACK. (AMATEUR.)
1. P. to K. 4.	1. P. to K. 4.
2. Kt. to K. B. 3.	2. Kt. to Q. B. 3.
3. B. to Q. B. 4.	3. B. to Q. B. 4.
4. P. to Q. Kt. 4.	4. B. takes Kt. P.
5. P. to Q. B. 3.	5. B. to Q. R. 4.
6. P. to Q. 4.	6. P. takes P.
7. Castles.	7. Kt. to K. B. 3.
8. B. to Q. R. 3.	8. B. to Q. Kt. 3.
9. Q. to Q. Kt. 3.	9. P. to Q. 4.
10. K. P. takes P.	10. Kt. to Q. R. 4.
11. R. to K. sq. (ch.)	11. B. to K. 3.
12. P. takes B.	12. Kt. takes Q.

And White announces mate in six moves.

13. P. takes P. (db. ch.)	13. Kg. to Q. 2.
14. B. to K. 6 (ch.)	14. Kg. to Q. B. 3.
15. Kt. to K. 5 (ch.)	15. Kg. to Q. Kt. 4.
16. B. to Q. B. 4 (ch.)	16. Kg. to R. 4.
17. B. to Q. Kt. 4 (ch.)	17. Kg. to R. 5.
18. P. takes Kt.	

Checkmate.

GAME IX.

MR. STAUNTON GIVES HIS QUEEN'S ROOK.

[GIUOCO PIANO.]

WHITE.	BLACK.
(MR. STAUNTON.)	(AMATEUR.)
1. P. to K. 4.	1. P. to K. 4.
2. K. Kt. to B. 3.	2. Q. Kt. to B. 3.
3. B. to Q. B. 4.	3. B. to Q. B. 4.
4. P. to Q. B. 3.	4. P. to Q. 3.
5. P. to Q. 4.	5. P. takes P.
6. P. to Q. Kt. 4.	6. B. to Q. Kt. 3.
7. P. takes P.	7. K. Kt. to B. 3.
8. Q. Kt. to B. 3.	8. P. to K. R. 3.
9. Castles.	9. Castles.
10. P. to Q. Kt. 5.	10. Q. Kt. to K. 2.
11. Q. to Q. 3.	11. Q. Kt. to K. Kt. 3.
12. P. to K. 5.	12. P. to Q. 4.
13. K. B. to Q. Kt. 3.	13. K. Kt. to R. 2.
14. Q. Kt. takes Q. P.	14. P. to Q. B. 4.
15. Q. takes Q. Kt.	15. P. takes Q.
16. Kt. to K. 7 (db. ch.)	16. Kg. to R. sq.
17. Kt. to Kt. 6.	

Checkmate.

GAME X.

HERR FALKBEER GIVES HIS QUEEN'S KNIGHT TO MR. SIMPSON.

[KING'S GAMBIT.]

WHITE. (HERR FALKBEER.)	BLACK. (MR. SIMPSON.)
1. P. to K. 4.	1. P. to K. 4.
2. P. to K. B. 4.	2. P. takes P.
3. Kt. to K. B. 3.	3. P. to K. Kt. 4.
4. B. to Q. B. 4.	4. B. to K. Kt. 2.
5. P. to Q. 4.	5. P. to Q. 3.
6. Q. to Q. 3.	6. P. to Q. B. 3.
7. P. to K. R. 4.	7. P. to K. R. 3.
8. B. to Q. 2.	8. Q. to K. B. 3.
9. P. takes P.	9. P. takes P.
10. R. takes R.	10. B. takes R.
11. P. to K. 5.	11. P. takes P.
12. P. takes P.	12. Q. to K. Kt. 2.
13. Castles.	13. Kt. to K. 2.
14. Q. to Q. 8 (ch.)	14. Kg. takes Q.
15. B. to Q. R. 5 (db. ch.)	15. Kg. K. sq.
16. R. to Q. 8.	

Checkmate.

GAME XI.

HERR FALKBEER GIVES HIS QUEEN'S KNIGHT TO
MR. SIMPSON.

[ALLGAIER GAMBIT.]

WHITE. (HERR FALKBEER.)	BLACK. (MR. SIMPSON.)
1. P. to K. 4.	1. P. to K. 4.
2. P. to K. B. 4.	2. P. takes P.
3. Kt. to K. B. 3.	3. P. to K. Kt. 4.
4. P. to K. R. 4.	4. P. to Kt. 5.
5. Kt. to K. 5.	5. P. to K. R. 4.
6. B. to Q. B. 4.	6. R. to R. 2.
7. P. to Q. 4.	7. B. to K. 2.
8. Q. B. takes P.	8. B. takes R. P. (ch.)
9. P. to K. Kt. 3.	9. B. to K. B. 3.
10. Kt. takes K. B. P.	10. R. takes Kt.
11. B. takes R. (ch.)	11. Kg. takes B.
12. R. takes P.	12. P. to Q. 3.
13. Q. to Q. 3.	13. Kt. to Q. B. 3.
14. P. to Q. B. 3.	14. B. to K. Kt. 2.
15. Castles.	15. Kt. to K. B. 3.
16. B. to K. Kt. 5.	16. Q. to K. sq.
17. R. to K. B. sq.	17. Kg. to K. Kt. 3.
18. P. to K. 5 (dis. ch.)	18. Kg. takes R.
19. B. to Q. 2.	

And Black cannot avert mate.

GAME XII.

HERR KOLISCH GIVES MR. SCHROEDER THE ODDS OF
QUEEN'S KNIGHT.

[KING'S KNIGHT'S OPENING.]

WHITE.	BLACK.
(HERR KOLISCH.)	(MR. SCHROEDER.)
1. P. to K. 4.	1. P. to K. 4.
2. Kt. to K. B. 3.	2. Kt. to Q. B. 3.
3. B. to Q. B. 4.	3. B. to K. 2.
4. P. to Q. 4.	4. P. to Q. 3.
5. P. to Q. B. 3.	5. Kt. to K. B. 3.
6. P. to Q. 5.	6. Kt. to Q. R. 4.
7. B. to Q. 3.	7. P. to Q. Kt. 3.
8. P. to K. R. 3.	8. P. to Q. B. 4.
9. B. to K. 3.	9. Castles.
10. P. to K. Kt. 4.	10. P. to K. R. 3.
11. P. to K. Kt. 5.	11. P. takes P.
12. Kt. takes K. Kt. P.	12. Kt. to K. R. 2.
13. Kt. takes Kt.	13. Kg. takes Kt.
14. Q. to K. R. 5 (ch.)	14. Kg. to Kt. sq.
15. R. to K. Kt. sq.	15. B. to K. B. 3.
16. P. to K. B. 4.	16. P. to Q. B. 5.
17. B. to Q. B. 2.	17. K. R. to K. sq.
18. P. to K. B. 5.	18. Kg. to B. sq.
19. Castles.	19. Kg. to K. 2.
20. R. takes K. Kt. P.	20. B. takes R.
21. B. to K. Kt. 5 (ch.)	21. P. to K. B. 3.
22. Q. to K. R. 7.	22. R. to K. Kt. sq.
23. B. to K. R. 6.	23. Q. to K. B. sq.
24. R. to K. Kt. sq.	24. Q. to K. B. 2.
25. B. takes B.	25. B. takes K. B. P.
26. B. takes K. B. P. (ch.)	

And Black resigns the game and the match, of which
this was the terminating partie.

GAME XIII.

HERR KOLISCH GIVES THE ODDS OF QUEEN'S KNIGHT TO
A PARISIAN AMATEUR.

[COUNTER GAMBIT IN KING'S BISHOP'S OPENING.]

WHITE. (HERR KOLISCH.)	BLACK. (MONSIEUR F.)
1. P. to K. 4.	1. P. to K. 4.
2. B. to Q. B. 4.	2. P. to Q. Kt. 4.
3. B. takes P.	3. P. to K. B. 4.
4. P. takes P.	4. K. Kt. to K. B. 3.
5. P. to K. Kt. 4.	5. B. to Q. Kt. 2.
6. Kt. to K. B. 3.	6. B. to Q. 3.
7. P. to K. R. 3.	7. Kt. to Q. B. 3.
8. P. to Q. 3.	8. Q. Kt. to Q. 5.
9. Kt. takes Q. Kt.	9. B. takes R.
10. Kt. to K. 6.	10. Q. to Q. Kt. sq.
11. Kt. takes K. Kt. P. (ch.)	11. Kg. to B. sq.
12. B. to Q. B. 4.	12. Kg. takes Kt.

Herr Kolisch announced mate in seven moves.

13. B. to R. 6 (ch.)	13. Kg. takes B.
14. Q. to Q. 2 (ch.)	14. Kg. to Kt. 2.
15. Q. to K. Kt. 5 (ch.)	15. Kg. to B. sq.
16. Q. takes Kt. (ch.)	16. Kg. to K. sq.
17. B. to K. B. 7 (ch.)	17. Kg. to B. sq.
18. B. to K. Kt. 6 (dis. ch.)	18. Kg. to Kt. sq.
19. Q. to K. B. 7.	

Mate.

GAME XIV.

HERR KOLISCH GIVES MR. FRASER OF DUNDEE THE ODDS OF QUEEN'S KNIGHT.

[MUZIO GAMBIT.]

WHITE. (HERR KOLISCH.)	BLACK. (MR. FRASER.)
1. P. to K. 4.	1. P. to K. 4.
2. P. to K. B. 4.	2. P. takes P.
3. Kt. to K. B. 3.	3. P. to K. Kt. 4.
4. B. to B. 4.	4. P. to Kt. 5.
5. Castles.	5. P. takes Kt.
6. P. to Q. 4.	6. Kt. to Q. B. 3.
7. Q. B. takes P.	7. Kt. to Q. R. 4.
8. Q. takes P.	8. Kt. takes B.
9. Q. B. to K. Kt. 5.	9. P. to K. B. 3.
10. Q. to K. R. 5 (ch.)	10. Kg. to K. 2.
11. R. takes K. B. P.	11. Kt. takes R.
12. B. takes Kt. (ch.)	12. Kg. takes B.
13. R. to K. B. sq. (ch.)	13. Kg. to K. 2.

And White mates in two more moves.

GAME XV.

HERR LÖWENTHAL GIVES MR. PIECONKA THE ODDS OF QUEEN'S KNIGHT.

[FRENCH OPENING.]

WHITE. (HERR LÖWENTHAL.)	BLACK. (MR. PIECONKA.)
1. P. to K. 4.	1. P. to K. 3.
2. P. to K. B. 4.	2. P. to Q. 4.
3. P. to K. 5.	3. P. to Q. B. 4.
4. Kt. to K. B. 3.	4. P. to K. B. 4.
5. P. to Q. 3.	5. Kt. to Q. B. 3.
6. P. to Q. B. 3.	6. B. to K. 2.
7. B. to K. 2.	7. Kt. to K. R. 3.
8. Castles	8. Castles.
9. P. to K. R. 3.	9. P. to Q. R. 3.
10. Kg. to R. sq.	10. P. to Q. Kt. 3.
11. P. to Q. 4.	11. P. to B. 5.
12. B. to K. 3.	12. B. to K. Kt. 2.
13. R. to K. Kt. sq.	13. Kt. to K. B. 2.
14. Q. to Q. 2.	14. P. to K. R. 3.
15. P. to K. Kt. 4.	15. Kg. to R. 2.
16. R. to K. Kt. 2.	16. P. to Kt. 3.
17. Q. R. to K. Kt. sq.	17. R. to K. Kt. sq.
18. B. to Q. sq.	18. Kt. to R. sq.
19. Q. to K. B. 2.	19. Q. to K. sq.
20. B. to Q. B. 2.	20. Q. to K. B. 2.
21. P. to K. Kt. 5.	21. P. to K. R. 4.
22. Kt. to R. 4.	22. Kg. to Kt. 2.
23. B. to Q. sq.	23. Kt. to Q. sq.
24. B. to K. B. 3.	24. Kg. to B. sq.
25. Q. to Q. B. 2.	25. B. to Q. B. 3.
26. B. takes R. P.	26. P. takes B.
27. P. to Kt. 6.	27. Q. to K. Kt. 2.
28. Kt. takes B. P.	28. P. takes Kt.
29. Q. takes P. (ch.)	29. Kg. to K. sq.
30. Q. takes P.	30. B. to K. B. sq.
31. P. to B. 5.	31. Q. R. to R. 2.

32. P. to B. 6.	32. Q. to Q. 2.
33. P. to B. 7 (ch.)	33. K. Kt. takes P.
34. P. takes Kt. (ch.)	34. Q. takes P.
35. Q. takes Q. (ch.)	35. Kt. takes Q.
36. R. takes R.	36. Kt. takes P.
37. B. to R. 6.	37. Kt. to Q. 2.
38. R. to K. B. sq.	

And wins.

GAME XVI.

MR. MAC DONNELL GIVES THE ODDS OF QUEEN'S KNIGHT
TO AN AMATEUR.

[EVANS' GAMBIT.]

WHITE.	BLACK.
(MR. ALEX. MAC DONNELL.)	(AMATEUR.)
1. P. to K. 4.	1. P. to K. 4.
2. Kt. to K. B. 3.	2. Kt. to Q. B. 3.
3. B. to B. 4.	3. B. to B. 4.
4. P. to Q. Kt. 4.	4. B. takes Kt. P.
5. P. to Q. B. 3.	5. B. to Q. R. 4.
6. Castles.	6. K. Kt. to B. 3.
7. Q. to Q. B. 2.	7. Castles.
8. Q. B. to Q. R. 3.	8. R. to K. sq.
9. P. to Q. 4.	9. P. to Q. 4.
10. K. P. takes P.	10. K. Kt. takes P.
11. Q. P. takes K. P.	11. Kt. takes Q. B. P.
12. Q. R. to Q. sq.	12. Kt. takes R.
13. K. R. takes Kt.	13. Q. B. to Q. 2.
14. K. B. takes K. B. P. (ch.)	14. Kg. takes B.
15. R. takes B. (ch.)	15. Q. takes R.

And White mated in two more moves.

GAME XVII.

MR. MORPHY GIVES MR. LICHTENHEIN THE ODDS OF
QUEEN'S KNIGHT.

[EVANS' GAMBIT.]

WHITE. (MR. MORPHY.)	BLACK. (MR. LICHTENHEIN.)
1. P. to K. 4.	1. P. to K. 4.
2. Kt. to K. B. 3.	2. Kt. to Q. B. 3.
3. B. to B. 4.	3. B. to B. 4.
4. P. to Q. Kt. 4.	4. B. takes Kt. P.
5. P. to Q. B. 3.	5. B. to B. 4.
6. Castles.	6. B. to Kt. 3.
7. P. to Q. 4.	7. P. to Q. 3.
8. P. takes P.	8. P. takes P.
9. Q. to Q. Kt. 3.	9. Q. to K. B. 3.
10. Q. B. to K. Kt. 5.	10. Q. to K. Kt. 3.
11. K. B. to Q. Kt. 5.	11. Q. B. to K. 3.
12. Q. to Q. R. 4.	12. Q. B. to Q. 2.
13. Q. R. to Q. sq.	13. P. to K. B. 3.
14. Q. R. takes B.	14. Kg. takes Q. R.
15. K. B. takes Q. Kt. (ch.)	15. P. takes K. B.
16. R. to Q. sq. (ch.)	16. Kg. to K. 2.
17. Kt. takes K. P.	17. Q. takes B.
18. R. to Q. 7 (ch.)	18. Kg. to K. sq.
19. Q. takes Q. B. P.	19. Q. takes Kt.
20. R. takes Q. B. P. (dis. ch.)	20. Kg. to B. sq.
21. Q. takes R. (ch.)	21. Q. to K. sq.
22. R. to Q. B. 8.	22. Q. takes R.
23. Q. takes Q. (ch.)	23. Kg. to B. 2.
24. P. to Q. B. 4.	24. P. to K. Kt. 4.
25. P. to Q. B. 5.	25. B. to R. 4.
26. P. to Q. B. 6.	

And Mr. Lichtenhein resigns.

GAME XVIII.

HERR STEINITZ GIVES THE ODDS OF HIS KING'S KNIGHT.

[QUEEN'S GAMBIT DECLINED.]

WHITE. (HERR STEINITZ.)	BLACK. (AMATEUR.)
1. P. to Q. 4.	1. P. to Q. 4.
2. P. to Q. B. 4.	2. P. to Q. B. 3.
3. Kt. to Q. B. 3.	3. P. to K. B. 3.
4. B. to B. 4.	4. Kt. to Q. 2.
5. P. takes P.	5. P. takes P.
6. Kt. takes P.	6. P. to K. 4.
7. P. takes P.	7. P. takes P.
8. B. to Kt. 3.	8. Q. to R. 4 (ch.)
9. Kt. to B. 3.	9. B. to K. Kt. 5.
10. Q. to B. 2.	10. K. Kt. to B. 3.
11. R. to B. sq.	11. Castles.
12. P. to K. 3.	12. Kt. to Kt. 3.
13. Q. to Kt. 3 (ch.)	13. Kg. to R. sq.
14. Q. B. takes P.	14. Kt. to K. 5.
15. P. to K. B. 3.	15. K. Kt. to Q. B. 4.
16. Q. to Q. sq.	16. Q. B. to B. 4.
17. P. to K. 4.	17. Q. R. to Q. sq.
18. Q. to B. 2.	18. K. Kt. to R. 5.
19. P. to B. 4.	19. B. to Kt. 3.
20. B. to K. 2.	20. K. B. to B. 4.
21. P. to K. R. 4.	21. B. to K. 6.
22. P. to R. 5.	22. B. to Q. 7 (ch.)
23. Q. takes B.	23. R. takes Q.
24. P. takes B.	24. R. to Q. 2.
25. K. B. to K. Kt. 4.	25. R. to K. 2.
26. B. to K. 6.	26. R. takes B.
27. R. takes P. (ch.)	27. Kg. to Kt. sq.
28. R. takes P. (ch)	28. Kg. to R. sq.
29. R. to R. 7 (ch.)	29. Kg. to Kt. sq.
30. R. to R. 8.	

Mate.

GAME XIX.

MONSIEUR DESCHAPELLES GIVES MR. COCHRANE THE
ODDS OF HIS K. B. PAWN AND TWO MOVES.

WHITE. (MR. COCHRANE.)	BLACK. (M. DESCHAPELLES.)
1. P. to K. 4.	1.
2. P. to Q. 4.	2. P. to K. 3.
3. P. to K. B. 4.	3. P. to Q. 4.
4. P. to K. 5.	4. P. to Q. B. 4.
5. P. to Q. B. 3.	5. Q. Kt. to B. 3.
6. K. Kt. to B. 3.	6. P. takes P.
7. P. takes P.	7. Q. to Q. Kt. 3.
8. Q. Kt. to B. 3.	8. Q. B. to Q. 2.
9. P. to Q. R. 3.	9. K. Kt. to R. 3.
10. P. to K. R. 3.	10. K. Kt. to K. B. 4.
11. Q. Kt. to K. 2.	11. K. B. to K. 2.
12. P. to K. Kt. 4.	12. B. to R. 5 (ch.)
13. Kt. takes B.	13. Kt. takes Kt.
14. Kg. to B. 2.	14. Castles K. R.
15. Kg. to Kt. 3.	15. Kt. to Kt. 3.
16. P. to Q. Kt. 4.	16. P. to Q. R. 4.
17. Q. B. to Q. 2.	17. P. takes P.
18. B. takes P.	18. Kt. takes B.
19. P. takes Kt.	19. Q. takes Kt. P.
20. Q. R. to Kt. sq.	20. R. checks.
21. Kg. to R. 2.	21. Q. to K. 2.
22. R. takes Kt. P.	22. Q. to K. R. 5.
23. R. takes B.	23. Q. to B. 7 (ch.)
24. B. to Kt. 2.	24. R. takes P. (ch.)
25. Kg. takes R.	25. Q. to K. R. 5.

Mate.

GAME XX.

HERR HARRWITZ GIVES THE ODDS OF HIS K. B. PAWN
AND TWO MOVES TO AN AMATEUR.

WHITE. (REV. F.)	BLACK. (HERR HARRWITZ.)
1. P. to K. 4.	1.
2. P. to Q. 4.	2. P. to K. 3.
3. K. B. to B. 4.	3. P. to Q. B. 4.
4. P. to Q. 5.	4. K. P. takes P.
5. K. B. takes P.	5. K. Kt. to B. 3.
6. Q. B. to Kt. 5.	6. K. B. to K. 2.
7. Q. B. takes Kt.	7. K. B. takes B.
8. P. to Q. B. 3.	8. P. to Q. 3.
9. Q. to Q. Kt. 3.	·9. Q. to K. 2.
10. K. Kt. to K. 2.	10. Q. Kt. to B. 3.
11. Q. to Kt. 5.	11. Q. B. to Q. 2.
12. Q. takes Kt. P.	12. Q. R. to Kt. sq.
13. Q. to Q. R. 6.	13. R. to Q. Kt. 3.
14. Q. to her R. 4.	14. Q. Kt. to K. 4.
15. Q. takes R. P.	15. Kt. to Q. 6 (ch.)
16. Kg. to K. B. sq.	16. R. takes Kt. P.
17. Q. to R. 8 (ch.)	17. Q. to Q. sq.
18. Q. takes Q. (ch.)	18. K. B. takes Q.
19. Q. Kt. to R. 3.	19. K. R. to B. sq.
20. P. to K. B. 3.	20. K. B. to Kt. 4.
21. Q. Kt. to B. 4.	21. Kg. to K. 2.
22. Kt. takes Q. R.	

Black announced mate in three moves.

	22. R. takes P. (ch.)
23. P. takes R.	23. B. to R. 6 (ch.)
24. Kg. to Kt. sq.	24. B. to K. 6.

Checkmate.

GAME XXI.

MR. MACKENZIE, GIVING THE ODDS OF HIS K. B. PAWN
AND TWO MOVES, WINS OF MR. ZEREGRA.

WHITE. (MR. ZEREGRA.)	BLACK. (MR. MACKENZIE.)
1. P. to K. 4.	1.
2. P. to Q. 4.	2. Kt. to Q. B. 3.
3. P. to K. B. 4.	3. P. to Q. 4.
4. B. to Q. Kt. 5.	4. Kt. to K. B. 3.
5. Kt. to Q. B. 3.	5. B. to K. Kt. 5.
6. Q. to Q. 3.	6. P. to K. 3.
7. P. to K. R. 3.	7. P. takes K. P.
8. Q. to Q. B. 4.	8. B. to K. B. 4.
9. P. to K. Kt. 4.	9. B. to K. Kt. 3.
10. B. takes Kt. (ch.)	10. P. takes B.
11. Q. takes Q. B. P. (ch.)	11. Kg. to B. 2.
12. P. to K. Kt. 5.	12. Kt. to Q. 4.
13. P. to K. R. 4.	13. Kt. to Q. Kt. 5.
14. Q. to Q. R. 4.	14. P. to K. 6.
15. Kt. to K. B. 3.	15. Kt. takes P. (ch.)
16. Kg. to K. 2.	16. B. to Q. 3.
17. P. to K. R. 5.	17. B. to K. B. 4.
18. P. to K. Kt. 6 (ch.)	18. P. takes P.
19. Kt. to K. Kt. 5 (ch.)	19. Kg. to Kt. sq.
20. B. takes K. P.	20. Kt. takes R.
21. R. takes Kt.	21. R. takes K. R. P.
22. R. to K. B. sq.	22. R. to Q. Kt. sq.
23. P. to Q. Kt. 3.	23. R. to K. R. 7 (ch.)
24. Kg. to K. B. 3.	24. B. to Q. 6.
25. R. to Q. sq.	25. Q. takes Kt.
26. P. takes Q.	26. R. to K. B. sq. (ch.)
27. B. to K. B. 4.	27. R. takes B. (ch.)
28. Kg. to K. 3.	28. R. to K. R. 6 (ch.)
29. Kg. to Q. 2.	29. R. to K. B. 7 (ch.)
30. Kg. to K. sq.	30. R. to K. B. 8 (ch.)
31. Kg. to Q. 2.	31. B. to K. B. 5.

Mate.

GAME XXII.

MR. STAUNTON GIVES CAPTAIN KENNEDY THE ODDS OF
HIS K. B. PAWN AND TWO MOVES.

WHITE. (CAPTAIN KENNEDY.)	BLACK. (MR. STAUNTON.)
1. P. to K. 4.	1.
2. P. to Q. 4.	2. P. to K. 3.
3. K. B. to Q. 3.	3. P. to Q. B. 4.
4. P. takes P.	4. Q. to her R. 4 (ch.)
5. Q. Kt. to B. 3.	5. B. takes P.
6. K. Kt. to K. 2.	6. Q. Kt. to B. 3.
7. Castles.	7. K. Kt. to B. 3.
8. K. Kt. to his 3.	8. Castles.
9. P. to Q. R. 3.	9. Q. her sq.
10. P. to Q. Kt. 4.	10. B. to Q. Kt. 3.
11. Q. B. to K. Kt. 5.	11. B. to Q. 5.
12. K. Kt. to K. 2.	12. B. to Q. Kt. 3.
13. Kg. to R. sq.	13. Q. Kt. to K. 4.
14. Q. B. to K. R. 4.	14. Q. Kt. to K. Kt. 5.
15. Kt. to Q. R. 4.	15. K. Kt. takes K. P.
16. B. takes Q.	16. K. Kt. takes K. B. P. (ch.)
17. Kg. to Kt. sq.	17. K. Kt. to R. 6 (db. ch.)
18. Kg. to R. sq.	18. Q. Kt. to K. B. 7 (ch.)
19. R. takes Kt.	19. Kt. takes R. (ch.)
20. Kg. to Kt. sq.	20. B. to K. 6.
21. Q. to Q. Kt. sq.	21. Kt. to Q. 8 (dis. ch.)
22. Kg. to R. sq.	22. R. to K. B. 8 (ch.)

And mates next move.

Game XXIII.

HERR LÖWENTHAL, GIVING THE ODDS OF QUEEN'S
ROOK IN EXCHANGE FOR QUEEN'S KNIGHT,
WINS OF MR. BRIEN.

[CENTRE GAMBIT.]

WHITE. (HERR LÖWENTHAL.)	BLACK. (MR. BRIEN.)
1. P. to K. 4.	1. P. to K. 4.
2. P. to Q. 4.	2. P. takes P.
3. Kt. to K. B. 3.	3. B. to Q. B. 4.
4. B. to Q. B. 4.	4. P. to Q. 3.
5. P. to Q. B. 3.	5. P. takes P.
6. Q. Kt. takes P.	6. P. to Q. B. 3.
7. Castles.	7. B. to K. Kt. 5.
8. Q. to Q. Kt. 3.	8. Q. to Q. 2.
9. K. Kt. to K. Kt. 5.	9. B. to K. R. 4.
10. P. to K. 5.	10. P. to Q. 4.
11. Kt. takes Q. P.	11. P. to Q. Kt. 4.
12. P. to K. 6.	12. P. takes P.
13. Kt. takes K. P.	13. P. takes B.
14. Q. Kt. to Q. B. 7 (ch.)	14. Kg. to K. 2.
15. Q. takes P.	15. B. to Q. 3.
16. R. to K. sq.	16. Q. to Q. B. sq.
17. Q. takes P.	17. B. takes Kt.
18. Kt. to Q. 8 (dis. ch.)	18. Kg. takes Kt.

And now White mates in five moves.

19. B. to K. Kt. 5 (ch.)	19. Kt. to K. B. 3.
20. B. takes Kt. (ch.)	20. P. takes B.
21. Q. takes P. (ch.)	21. Kg. to Q. 2.
22. Q. to K. 6 (ch.)	22. Kg. to Q. sq.
23. Q. to K. 7.	

Checkmate.

Game XXIV.

MR. BRIEN, RECEIVING THE ODDS OF THE K. B. PAWN
AND THE MOVE, WINS OF HERR LÖWENTHAL.

WHITE.	BLACK.
(MR. BRIEN.)	(HERR LÖWENTHAL.)
1. P. to K. 4.	1. P. to Q. 3.
2. P. to Q. 4.	2. Q. B. to K. 3.
3. Q. to K. R. 5 (ch.)	3. P. to K. Kt. 3.
4. Q. to Q. Kt. 5 (ch.)	4. Q. B. to Q. 2.
5. Q. takes P.	5. Q. Kt. to Q. B. 3.
6. Kt. to K. B. 3.	6. P. to Q. R. 4.
7. K. B. to Q. Kt. 5.	7. R. to Q. Kt. sq.
8. Q. takes Kt.	8. B. takes Q.
9. B. takes B. (ch.)	9. Kg. to B. 2.
10. Kt. to K. Kt. 5 (ch.)	10. Kg. to B. 3.
11. P. to K..5 (ch.)	11. Kg. to B. 4.
12. B. to K. 4 (ch.)	12. Kg. to Kt. 5.
13. P. to K. R. 3 (ch.)	13. Kg. to R. 4.
14. P. to K. Kt. 4 (ch.)	14. Kg. to R. 3.
15. Kt. to K. 6 (dis. ch.)	15. P. to K. Kt. 4.
16. B takes Kt. P.	

And mates.

GAME XXV.

MR. BIRD, RECEIVING THE ODDS OF K. B. PAWN AND THE
MOVE, WINS OF MR. BUCKLE.

WHITE.	BLACK.
(MR. BIRD.)	(MR. BUCKLE.)
1. P. to Q. 4.	1. P. to K. 3.
2. P. to Q. B. 4.	2. P. to Q. 4.
3. Q. Kt. to B. 3.	3. Q. Kt. to B. 3.
4. K. Kt. to B. 3.	4. Q. Kt. to K. 2.
5. Q. B. to K. Kt. 5.	5. P. to Q. B. 3.
6. P. to K. 4.	6. P. to K. Kt. 3.
7. Q. B. P. takes P.	7. P. takes P.
8. P. takes P.	8. P. takes P.
9. K. B. to Q. Kt. 5 (ch.)	9. Q. B. to Q. 2.
10. Castles.	10. Q. B. to B. 3.
11. K. Kt. to K. 5.	11. Q. to B. 2.
12. Q. to K. B. 3.	12. K. Kt. to R. 3.
13. K. R. to K. sq.	13. Castles.
14. Kt. takes B.	14. Q. Kt. P. takes Kt.
15. B. to R. 6 (ch.)	15. Kg. to Kt. sq.
16. B. to K. B. 4.	16. R. to Q. 3.
17. Kt. takes Q. P.	17. P. takes Kt.
18. Q. R. to Q. B. sq.	18. Q. to Kt. 3.
19. Q. takes Q. P.	19. K. Kt. to K. B. 4.
20. K. R. to K. 6.	20. Q. takes B.
21. R. takes R.	21. Kt. takes Q.
22. R. to Q. 8 (db. ch.)	22. Kg. to Kt. 2.
23. R. to Q. Kt. 8.	

Checkmate.

APPENDIX

CONTAINING

SIXTEEN MATE-POSITIONS

Occurring to the Writer in actual play,

FORMING

A SET OF EASY ENIGMAS

FOR BEGINNERS.

POSITION I.

WHITE.

BLACK.

The above position occurred some years since at the "Divan," in a game (Giuoco Piano) between Mr. Jansens (White) and I. O. H. T. (Black). The ensuing moves were :—

WHITE.	BLACK.
———	P. to Q. B's 3rd.
Q. to Q. Kt.'s 8th (ch.)	Kg. to R's 2nd.
R. takes R.	Q. takes K. B's P.
Kt. to K. B's 8th (ch.)	R. takes Kt.
Q. takes R.	

And then Black announced mate in three moves.

I

POSITION II.

BLACK.

WHITE.

The above position occurred in a game (Irregular Open-
ing) played at the Norwich Chess Club in a match between
I. O. H. T. (White) and Mr. G. C. L. Knight (Black),
the former giving his Queen's Knight. The game pro-
ceeded thus :—

WHITE.	BLACK.
B. to Q. B's 4th.	Kt. to K. R's 5th.
K. R. takes K. B's P.	Kg. to R's sq.
Q. R. takes Kt.'s P.	Kt. to K. B.'s 3rd.

Whereupon White gives mate in three moves.

Position III.

BLACK.

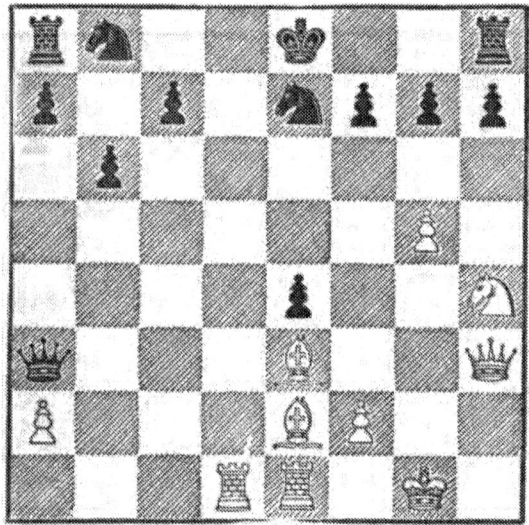

WHITE.

The above is from a game (Counter Gambit of Q's P. in K. Kt.'s opening) played 23rd April, 1869, between I. O. H. T. (White) and Mr. C. H. Capon (Black) in a match between them, the former giving his Q's Kt.

WHITE.	BLACK.
Kt. to K. B's 3rd.	P. takes Kt.
B. to Q. B's 5th.	Q. takes B.

And now White announces mate in three moves.

I 2

POSITION IV.

The above occurred in a game (Evans' Gambit) played at the Westminster Chess Club, 1868, between I. O. H. T. (White) and the Rev. G. MacDonnell (Black).

White with the move would have mated in four *coups*, but Black had to play and evaded the mate at the cost of a piece.

POSITION V.

BLACK.

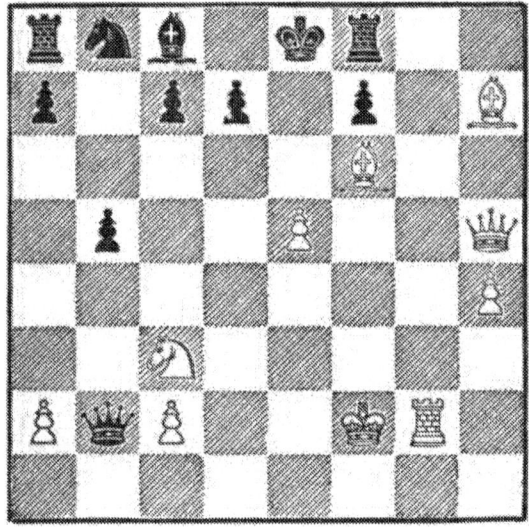

WHITE.

The foregoing situation is taken from a game (King's Gambit) played several years back between I. O. H. T. (White) and Mr. Downes, then of the Norwich Chess Club (Black), in a tournament at Norwich.

White playing gives mate in four moves.

Position VI.

BLACK.

WHITE.

The above situation arose in a game (Evans' Gambit) played in 1868 in the Westminster Chess Club, between I. O. H. T. (White) and the Rev. G. Macdonnell (Black). The game proceeded thus:—

WHITE.	BLACK.
Q. to Q's 2nd.	Kt. takes K. B's P.
K. R. to Kt.'s sq.	

And if Black take Q. White mates in four moves.

Position VII.

WHITE.

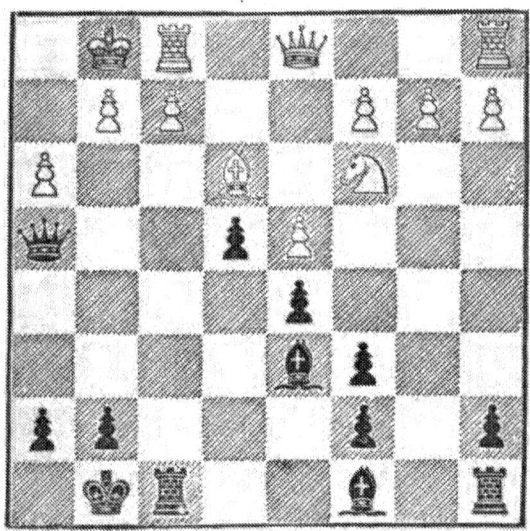

BLACK.

The above occurred in a game (French Opening) played 13th November, 1860, between Mr. W. G. Crook, now one of the best players in Norfolk (White), and I. O. H. T. (Black.) The game proceeded :—

WHITE.	BLACK.
——	R. to K. B's 6th.
Kt. to K's 2nd.	B. takes K. R's P.
P. takes R.	

.And Black gave mate in five moves.

Position VIII.

The above situation occurred in a game (Muzio Gambit) played at the Philidorian Chess Rooms, Rathbone-place, London, about January, 1860, between I. O. H. T. (White) and a Habitué (Black). The ensuing *coups* were as follows :—

WHITE.	BLACK.
B. to K. Kt.'s 5th (ch.)	Q. takes B.
R. to K's 8th (ch.)	Kg. takes R.

And then White mated in five moves.

POSITION IX.

BLACK.

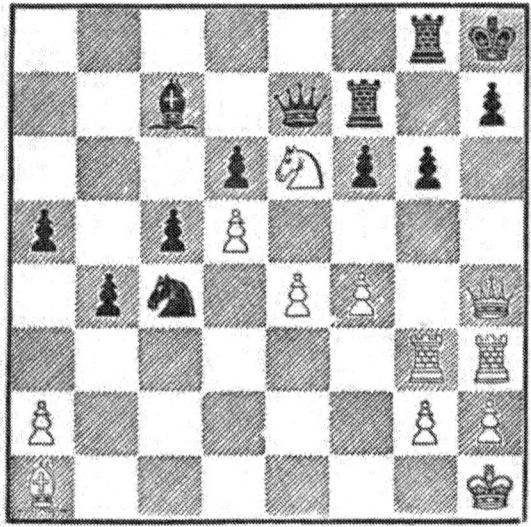

WHITE.

The above position happened in the Westminster Chess Club in an Evans' Gambit, played 24th August, 1866, between I. O. H. T. (White), and a Scotch Amateur (Black).

White playing would have given a pretty mate in five moves, but Black having the move evaded it.

Position X.

BLACK.

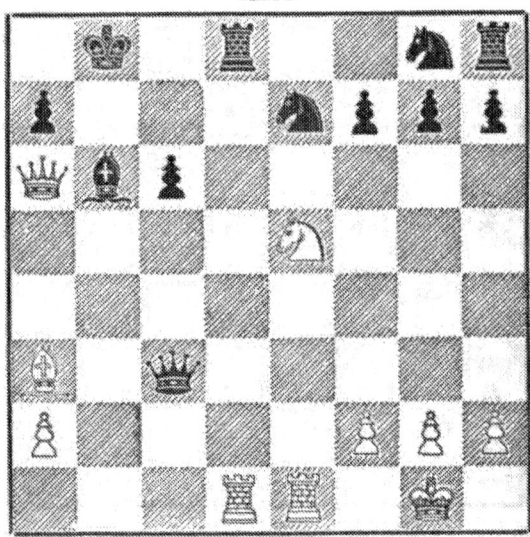

WHITE.

The above occurred in a game (Evans' Gambit) played in July, 1862, at the Philidorian Chess Rooms, Rathbone-place, London, between I. O. H. T. (White) and a distinguished provincial amateur (Black).

White, having to play, can mate by force in six moves.

POSITION XI.

WHITE.

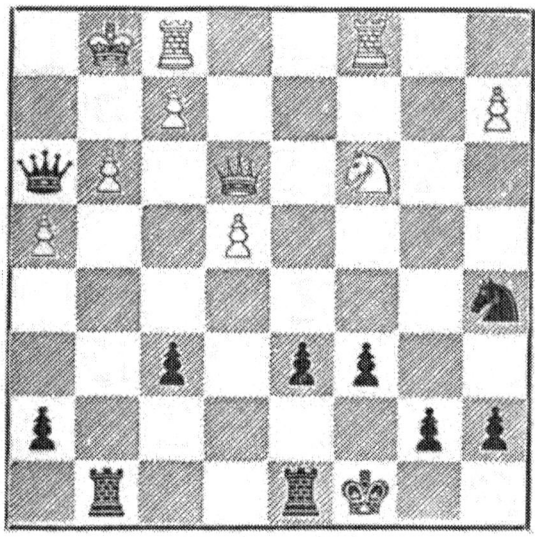

BLACK.

The above occurred in a game (Evans' Gambit) between a London Amateur (White) and I. O. H. T. (Black) played at the Philidorian Chess Rooms, about July, 1862. The game continued :—

WHITE.	BLACK.
————	Kt. to Q. B's 5th.
Q. takes R's P.	

And Black announced mate in six moves.

POSITION XII.

BLACK.

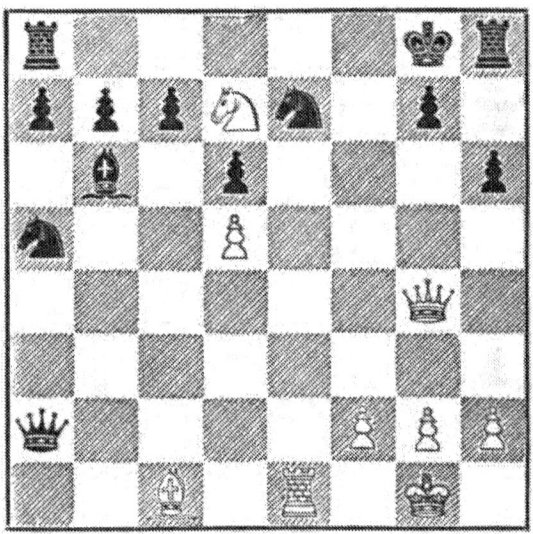

WHITE.

From a game (Mortimer-Evans' Gambit) played at
the Norwich Chess Club, 19th November, 1867, be-
tween I. O. H. T. (White) and the Rev. W. D. Beard
(Black).

White mates in six moves.

POSITION XIII.

BLACK.

WHITE.

This situation occurred in a game (Wing Gambit)
played at Norwich, 17th June, 1869, between I. O. H. T.
(White) and Mr. C. H. Capon (Black), being the deciding
partie in a little match in which the former gave his Q's Kt.
The game proceeded thus :—

WHITE.	BLACK.
K. R. to K's sq. (ch.)	Kt. to K's 2nd.
P. takes Q. B's P.	Q. to B's 2nd.
P. takes B.	Q. takes Q.
R. takes Kt. (ch.)	Kg. to Q's sq.
Kt. to K's 5th.	B. to K's 3rd.
Kt. takes Q.	B. takes Kt.

And now White announced a forced mate.

POSITION XIV.

WHITE.

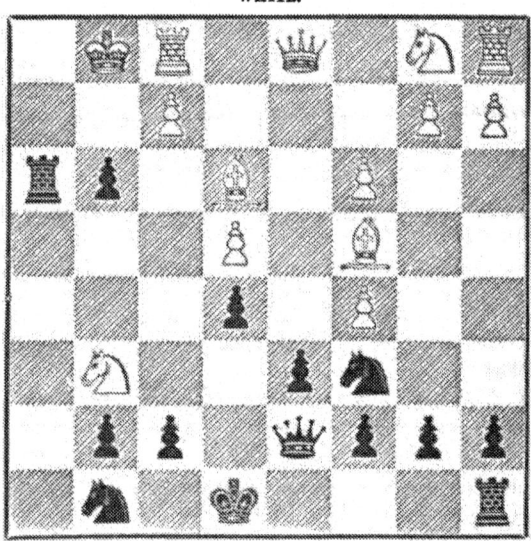

BLACK.

This situation happened in a skirmish (Giuoco Piano) rattled off at the "Divan" in April, 1865, between a Habitué (White) and I. O. H. T. (Black).

Black having the move effected checkmate in seven *coups*.

POSITION XV.

BLACK.

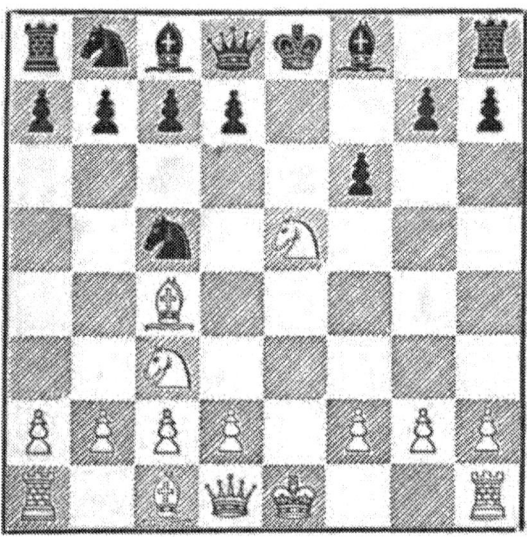

WHITE.

This diagram represents a quaint situation which happened to I. O. H. T. (White) on sitting down at the Philidorian Chess Rooms about February, 1862, to play with a stranger (Black).

The fifth move only had been reached and the illustrious unknown had replied 5 P. to K. B's 3rd. White thereupon mated in eight moves.

POSITION XVI.

BLACK.

WHITE.

The above situation arose 10th December, 1864, in a game played in the Norwich Chess Club, in which I. O. H. T. (White) gave the odds of his Q's Kt. to Mr. G. C. L. Knight (Black).

White played, Q. takes Q. R's P., and on Black's replying Q. to Q. R's 3rd, White mated in nine moves at most, commencing with Q. to Q. B's 5th.

SOLUTIONS OF THE POSITIONS IN THE APPENDIX.

POSITION I.

WHITE.	BLACK.
——	Q. K. B. 8 (ch.)
R. K. Kt. sq.	Kt. K. Kt. 6 (ch.)
P. takes Kt.	Q. K. R. 6.

Checkmate.

POSITION II.

WHITE.	BLACK.
Q. R. 5 (ch.)	Kt. takes Q.
Q. R. K. R. 7 (ch.)	Kg. Kt. sq.
K. R. Kt. 7 (db. ch.)	

And mates.

POSITION III.

WHITE.	BLACK.
Q. Q. B. 8 (ch.)	Kt. takes Q.
B. Q. Kt. 5 (db. ch.)	Kg. B. sq.
Either Rook gives	

Checkmate.

Position IV.

WHITE.	BLACK.
Q. takes P. (ch.)	Kg. takes Q.
R. K. R. 3 (ch.)	Kt. K. R. 5.
P. K. Kt. 6 (ch.)	Kg. R. 3.
R. takes Kt.	

And mates.

In the actual game Black played B. to Q. sq., to which White replied with Q. to K. R. 5.

Position V.

WHITE.	BLACK.
Q. takes K. B. P. (ch.)	Kg. takes Q. (best.)
R. K. Kt. 7 (ch.)	Kg. K. sq. (best.)
B. K. Kt. 6 (ch.)	R. K. B. 2.
R. K. Kt. 8.	

Checkmate.

Position VI.

WHITE.	BLACK.
R. takes K. Kt. P. (ch.)	Kg. B. sq.
R. K. Kt. 8 (db. ch.)	Kg. takes R.
R. K. Kt. sq. (ch.)	

And mates next move.

In the actual game Black took the Rook with his Knight, and White had the good luck to win ultimately.

* Position VII.

WHITE.	BLACK.
B. K. Kt. 7.	Kt. K. Kt. 3 (best.)
B. takes K. B. P.	

And White cannot prevent Black from lodging his Queen at K. R. 6, and then mating on the fifth move.

If instead of P. takes R. as in game White had moved P. to K. Kt. 3, the following pretty variation might perhaps have occurred.

Q. B. takes Kt. P.	B. K. Kt. 5.
B. takes K. B. P. (ch.)	Kg. R. 2.
B. takes R. (dis. ch.)	B. takes Q.
R. K. B. 6.	

Mate.

Position VIII.

WHITE.	BLACK.
Q. takes K. B. P. (ch.)	Kg. Q. sq.
Q. takes B. (ch.)	Kg. Q. 2.
B. K. 6 (ch.)	Kg. takes B.
Q. K. B. 7 (ch.)	Kg. K. 4.
Q. Q. 5.	

Checkmate.

Position IX.

WHITE.	BLACK.
B. takes K. B. P. (ch.)	Q. takes B. (best.)
Q. takes K. R. P. (ch.)	R. takes Q.
R. takes R. (ch.)	Kg. takes R.
R. K. R. 3 (ch.)	↓

And mates next move.

In the actual game Black evaded this mate by moving B. to Q. sq., to which White's reply is Kt. to K. Kt. 5, and then, if Black proceed with R. from K. B. 2 to K. Kt. 2, White wins in three moves, thus—

B. takes K. B. P.	Q. takes B. [or A]
Q. takes P. (ch.)	R. takes Q.
R. mates.	

A

——	P. K. R. 4 (if)
Q. takes P. (ch.)	P. takes. Q.
R. takes P.	

Mate.

Position X.

WHITE.	BLACK.
R. takes R. (ch.)	B. takes R.
R. Kt. sq. (ch.)	Q. Q. Kt. 5.
	(bad is the best.)
R. takes Q. (ch.)	Kg. B. 2. [or A]
R. K. Kt. 7 (ch.)	Kg. B. sq.
R. Q. 7 (dis. ch.)	Kg. moves.
Q. mates.	

A

——	B. Kt. 3.
R. takes B. (ch.)	Kg. B. 2.
Q. Kt. 7. (ch.)	Kg. Q. sq.
Q. Q. 7.	

Checkmate.

Position XI.

WHITE.	BLACK.
———	R. takes P. (ch.)
P. takes R.	Q. takes P. (ch.)
Kg. R. sq.	Q. K. R. 6 (ch.)
Kg. Kt. sq.	R. Kt. sq. (ch.)
Kg. B. 2.	Q. K. Kt. 7 (ch.)
Kg. K. sq.	Q. Q. 7.

Checkmate.

Position XII.

WHITE.	BLACK.
Q. K. 6 (ch.)	Kg. R. 2.
Kt. K. B. 6 (ch.)	Kg. Kt. 3 (best.)
Q. K. Kt. 4 (ch.)	Kg. B. 2 (best.)
R. takes Kt. (ch.)	Kg. takes R.
Q. K. 6 (ch.)	Kg. B. sq.
Kt. Q. 7.	

Mate.

Position XIII.

Mate was actually effected as follows :

WHITE.	BLACK.
R. Q. sq. (ch.)	Kg. B. sq.
R. Q. B. 7 (ch.)	Kg. Kt. sq.
R. takes B.	R. Q. B. sq.
B. Q. 6 (ch.)	R. Q. B. 2.
B. takes R. (ch.)	Kg. B. sq.
B. K. Kt. 3.	

Dis. ch. and mate.

White pointed out after Black's first move that the inter-position of the Bishop would, in this variation, have delayed the mate one move.

Position XIV.

WHITE.	BLACK.
———	R. K. R. 8 (ch.)
Kg. Kt. 2 (best.)	Q. K. R. 6 (ch.)
Kg. B. 3	Q. K. R. 4 (ch.)
Kg. Kt. 2	R. K. R. 7 (ch.)
Kg. Kt. sq.	P. takes P. (ch.)
B. takes P.	R. K. R. 8 (ch.)
Kg. Kt. 2.	Q. K. R. 6

Checkmate.

Position XV.

WHITE.	BLACK.
Q. K. R. 5 (ch.)	P. K. Kt. 3 (best.)
B. K. B. 7 (ch.)	Kg. K. 2.
Knt. Q. 5 (ch.)	Kg. Q. 3
Knt. Q. B. 4 (ch.)	Kg. Q. B. 3.
Kt. Kt. 4 (ch.)	Kg. Kt. 4.
P. K. R. 4 (ch.)	Kg. takes Kt.
P. Q. B. 3 (ch.)	Kg. Kt. 6.
Q. returns to her square	

And mates.

Position XVI.

Mate in the actual game was effected thus :

WHITE.	BLACK.
Q. Q. B. 5.	Kt. K. 5.
R. takes Kt.	P. takes R.
R. Q. sq. (ch.)	Kg. K. sq.
B. K. 7 (ch.)	Kg. Q. sq.
B. Q. Kt. 5 (dis. ch.)	Q. Q. 3.
Q. takes Q. (ch.)	Kg. Q. B. sq.
R. Q. B. sq.	

Mate.

POSITION XVI. (*continued.*)

Black might however have prolonged the death-stroke a move or two by giving up his Q. earlier, for example :

Q. Q. B. 5.	Kt. K. 5.
R. takes Kt.	P. takes R.
R. Q. sq. (ch.)	Q. Q. 6.
R. takes Q. (ch.)	P. takes R.
Q. Q. 6 (ch.)	Kg. K. sq.
B. Q. 7 (ch.)	Kg. Q. sq.
B. K. 6 (ch.)	Kg. K. sq.
Q. Q. 7 (ch.)	Kg. B. sq.
Q. mates.	

Or :

Q. Q. B. 5.	Q. Q. 3.
Q. K. B. 7 (ch.)	Kg. K. sq.
B. takes Q.	P. takes B.
R. takes P. (ch.)	Kg. B. sq.
Q. K. 7 (ch.)	Kg. Kt. sq.
R. Q. B. 7.	

And mates in two more moves.

If after

Q. Q. B. 5.	Kt. K. 5.
R. takes Kt.	

Black play Q. K. 3,

Then may follow

R. takes Q.	P. takes R.
Q. Q. 6 (ch.)	Kg. K. sq.
R. Q. B. 7.	

And mates next move.

INDEX OF PLAYERS.

INDEX OF OPENINGS

IN FIRST SERIES.

It is note-worthy, as illustrating the practical advantage of "first move," that of the seventy-five games in this collection forty-three are won by the first player: and it is remarkable that of the three debuts which have afforded the greatest number of brilliant examples, viz., the Evans' Gambit, Bishop's Gambit, and Giuoco Piano, the Evans' Gambit wins so large a proportion in attack, and the Bishop's Gambit and Giuoco Piano do the same in defence. Out of the thirteen recorded Evans' Gambits the attack wins twelve times, the defence only once. Out of the ten Bishop's Gambits the attack wins thrice; the defence seven times. While out of the nine examples of the Giuoco Piano the defence scores every game, save one.

MILLER AND LEAVINS, PRINTERS, NORWICH.

CPSIA information can be obtained at www.ICGtesting.com
Printed in the USA
BVOW06s0521080915

416774BV00007BB/94/P

9 781104 081034